Nueva gramática comunicativa

A Communicative Grammar Worktext with Written and Oral Practice

Phil Turk

Mike Zollo

National Textbook Company
NTC a division of *NTC Publishing Group* • Lincolnwood, Illinois USA

Cover designed by Nick Panos

1995 Printing

This edition first published in 1995 by National Textbook Company,
a division of NTC Publishing Group, 4255 West Touhy Avenue,
Lincolnwood (Chicago), Illinois 60646-1975 U.S.A.
First published in 1993 by Hodder Headline Plc.

contents

Introduction

¡Nueva gramática comunicativa! aims to provide a systematic presentation of grammar points together with sufficient back-up practice to ensure that the points are adequately reinforced.

The book is divided into 48 chapters, most of which have three sections:

mecanismos—the 'mechanics' of the language
The first section of each chapter sets out a grammatical rule or verb table, with a clear explanation in English. This section is also useful for reference purposes.

¡ponte a punto!—'tune up,' 'limber up'
This provides practice and reinforcement exercises on a particular grammatical point. Where possible, these exercises are set within a realistic context and are designed to be suitable for individual study. Apart from a few translation exercises, this section is in Spanish.

¡ . . . y en marcha!—'put it all to work for you!'
This section offers a range of more open-ended communicative activities in Spanish, ranging from the fairly elementary to the more sophisticated. The activities are set in a variety of contexts in which the grammar point is likely to occur.

Grammar—What Is It?

Grammar is really nothing more than a framework which is used:

> —to try to define language and how it works, and

> —to provide rules and patterns to help the language learner.

Grammatical terms merely describe the job performed by different words and phrases, and how these contribute to communication. The main terms used are given below with a brief explanation in English. Each point is illustrated by examples in English and then by other examples in Spanish. These notes may be useful to refer to when you are studying Spanish grammar.

Syllable:

This is a section of a word which consists of one, two, or more letters which hang together in some way—in other words, one of the sections into which a word can be divided.

EXAMPLES: bur-sar; hope-ful-ly; won-der-ful-ly

a-jo; na-vi-dad; pro-fe-so-ra

Prefix:

This is a small group of letters which can be added on at the front of a word, creating a new word or altering the meaning of the original word:

EXAMPLES: legal—illegal; freeze—antifreeze

consciente—inconsciente; social—antisocial

Suffix:

This is a small group of letters which can be added on at the end of a word to create a new word or to alter the meaning and grammatical function of the original word:

EXAMPLES: stupid—stupidity; stupid—stupidly

feliz—felicidad; cruel—cruelmente

Phrase:

This is any group of words which hang together to provide meaning.

EXAMPLES: with my friend; on the bus; at top speed; before the end of the day

con mi padre; en el tren; al lado de; antes del Año Nuevo

Clause:

This is a group of words, similar to a phrase but containing a verb (see Verbs below).

EXAMPLES: . . . because he likes football; when we arrive . . . ; if she should happen to leave . . .

porque le gusta jugar; cuando nos vamos . . . ; si trabajas . . .

Sentence:

This is usually a group of words which stands alone and contains a finite verb. It may consist of more than one clause, in which case one will be the main clause, and any others may be subordinate clauses. The main clause is the one which can stand alone and be a meaningful sentence in its own right.

EXAMPLES: I will go home at six o'clock.

They ought to take an umbrella in case it rains.

If we hurry, we might catch the train.

Llegaré al colegio a las nueve.

Deberíamos llamarlos antes que se vayan.

Cuando dejó a su madre, fue a visitar a su hermana.

Note: In the last example in each language, the second clause is the main clause, and the first is the subordinate clause. Clearly, 'We might catch the train' and *'Fue a visitar a su hermana'* can stand alone and be sentences in their own right.

Verbs:

These are words which convey the idea of an action of some sort, or of an abstract change or state of being. Verbs describe many things which are not actions as such, but for the sake of convenience the word 'action' is used in the following explanations.

A finite verb is one which tells you not only what is being done, but also who is doing it and when. (Verbs also have an infinitive form: this is the 'name' part of the verb, which only tells you what the particular action is.) A sentence will usually contain at least one finite verb.

EXAMPLES: John plays tennis.

We went home at four o'clock.

They will get here before the meal is ready.

Papá prepara la cena.

Terminaron su trabajo a las seis.

Vamos a cantar en español para hacerle feliz.

In Spanish the verb endings give the information on 'who' and 'when.' Regular verbs are ones which follow an easily predictable pattern; irregular verbs have abnormalities in their patterns.

Tenses:

In Spanish there are sets of endings for each area of time or tense which relate to when the action is done/has been done/will be done. The examples listed above (under Verbs) are in the present, past, and future tense respectively.

Subject:

This is the word (or words) in a sentence which identifies the person or thing doing the action described in a verb.

EXAMPLES: The student spoke to the teacher.

Mi amiga piensa ir a la discoteca.

Object:

This is the word (or words) in a sentence which describes the person or thing which is the victim of, or on the receiving end of, the action. It can be a direct or an indirect object, and sometimes both are found together. A direct object is the actual victim of the action, while an indirect object will in some way be on the receiving end of an action. In English the word 'to' is often the clue to the indirect object, and in Spanish the word '*a.*'

EXAMPLES: She reads her book every day. (*Book is the direct object.*)

She gave the book to her friend. (*The book is the direct object but here there is also an indirect object—[to] her friend.*)

El soldado bebió una limonada. (Una limonada *is the direct object.*)

¿Diste el helado a tu hermana? (A tu hermana *is the indirect object and* el helado *is the direct object.*)

Reflexive verbs:

These describe actions which reflect on the subject; in other words, the subject and object are one and the same. Reflexive verbs are easy to spot in English because one of the 'self' words is always somewhere around them. Some verbs are reflexive in Spanish which are not in English.

EXAMPLES: Behave yourself!

Se bañó antes de acostarse.

Nouns:

A noun refers to a person, a thing, or an abstract. The word 'noun' really means no more than 'name,' so is used to refer to any item in particular, such as: cup, football, woman, snow, difficulty, computing, vandalism.

In Spanish, all nouns are either masculine or feminine. This is known as gender. Nouns may also be singular or plural.

EXAMPLES: house—houses; mouse—mice

niño—niños; mujer—mujeres

Articles:

These go in front of a noun, and there are two types:

The definite article: the; *el, la, los, las*

The indefinite article: a, an; *un, una*

Adjectives:

These add information about a noun, helping to build up a fuller picture or helping to define or identify the noun. They usually go in front of the noun in English, or after the verb 'to be.' In Spanish most adjectives follow the noun they describe. They may refer to quality, size, color, comparison, number, your opinion, and so on.

EXAMPLES: an interesting book; a long walk; the green hat; the tallest man; three eggs; a stupid fool.

In Spanish, adjectives match or agree with the nouns they describe in gender (masculine or feminine) and number (singular or plural).

EJEMPLOS: *una película emocionante; una playa hermosa; el coche azul; la casa más lujosa; doscientas naranjas; unas chicas simpáticas.*

Pronouns:

Pronouns simply stand in for a noun, taking its place to save repeating it, or when speaker and listener both already know who or what is being referred to. These are of several different types, each doing a different job:

Subject pronoun: She took her son to school. *Tú te irás de aquí.*

Direct object pronoun: The man found it near the car. *Las trajo el cartero.*

Indirect object pronoun: Paul sent it to her. *Tu madre le dio una camisa.*

Reflexive pronoun: I looked at myself in the mirror. *Se lavó en la cocina.*

Prepositional or disjunctive pronoun: We traveled with them. *Irán con él.*

Adverbs:

These are to verbs what adjectives are to nouns—in other words, they add information about how or when an action is being done. In English they often involve adding '-ly' to the end of an adjective—slow/slowly. The equivalent in Spanish is '-mente'—*rápido/rápidamente.*

EXAMPLES: The boy ran quickly down the stairs. I will leave tomorrow.

El tren corría rápidamente por el valle. Llegué ayer.

Adverbs can also qualify an adjective or another adverb:

EXAMPLES: incredibly slow; amazingly quickly

comparativamente ricos; increíblemente bien

Prepositions:

These state where something is, either in place or in time.

EXAMPLES: next to the store; behind the chair; with my friend; before the meeting; after supper.

detrás del cine; encima del río; con su hijo; después de la clase; por la mañana.

Accents:

These are marks which in some way affect the way a letter is pronounced. There are only three accents in Spanish; by far the most common is the acute accent (´) which shows that the syllable carrying it should be pronounced with the greatest emphasis (stressed).

EXAMPLES: *río; carnicería; águila.*

An accent may also be used to distinguish two words with identical spellings but different meanings.

EXAMPLES: *tu (tú); si (sí); te (té).*

The other common accent in Spanish is the *tilde* (˜) which converts *n* (as in *una*) into *ñ* (as in *niña*).

There is also the diaeresis which is used to separate one vowel from another as in *'vergüenza.'* (See also Chapter 47.)

chapter 1

Nouns and Articles

mecanismos

A noun is a person, animal, object, or concept; for example: Sandra, man, horse, table, hope, inefficiency.

Gender

All nouns in Spanish are either masculine or feminine. There is no neuter gender in Spanish, so inanimate nouns—those denoting non-living objects or concepts—are also either masculine or feminine.

Generally speaking, nouns ending in *-o* are masculine (*el caso, el puerto, el chico*) and those ending in *-a* are feminine (*la casa, la puerta, la chica*). There are, however, a number of common exceptions to this rule.

- The following nouns are feminine: *la foto, la moto, la mano, la radio*[1]

- The following nouns are masculine: *el día, el mapa, el planeta, el tranvía, el yoga;*

- and also an appreciable number of nouns ending in *-ma*: *el anagrama, el clima, el crucigrama* (crossword), *el drama, el esquema* (outline), *el fantasma* (ghost), *el panorama, el pijama,*[2] *el problema, el programa, el sistema, el síntoma, el telegrama, el tema*

- Nouns ending in *-ista* are invariable whether referring to a male or female person: *el/la socialista, el/la ciclista.*

- Some noun endings are helpful in determining gender.

- Nouns with the following endings are masculine: *-aje, -or, -án, -ambre,* or any stressed vowel.

EJEMPLOS: *el paisaje, el rigor* (but *la labor, la flor*), *el desván* (attic), *el enjambre* (swarm), *el sofá, el café*

- Nouns with the following endings are feminine: *-ión; -dad,*[3] *-tad, -tud, -umbre, -ie, -isis, -itis.*

---

[1]*Radio* is frequently masculine in Latin America. *El radio* also denotes *radius* and as such is invariable in the Spanish-speaking world.

[2]*Pijama* is normally feminine in Latin America.

[3]Words ending in *-dad* and *-tad* correspond to English words ending in -ty, for example: *la caridad* (charity), *la ciudad* (city), *la libertad* (liberty). It could be said that in Spanish all *dads* are feminine!

EJEMPLOS: *la estación* (but *el avión, el camión, el gorrión* [sparrow]), *la ciudad, la virtud, la muchedumbre* (crowd), *la superficie* (surface), *la crisis* (but *el chasis*), *la apendicitis*

- Countries, regions, provinces, towns, and places ending in *-a* are feminine, though some countries are masculine: *el Canadá, el Perú, el Uruguay*

- Compound nouns (those made by joining two or more words together) are masculine: *el rascacielos* (skyscraper), *el limpiaparabrisas* (windshield wiper)

- Some fruits which are feminine have a corresponding tree which is masculine:

  la manzana (apple)   *la cereza* (cherry)
  el manzano (apple tree)   *el cerezo* (cherry tree)

  la naranja (orange)
  el naranjo (orange tree)

- Words imported from other languages, especially from English, tend to be masculine (though not always), for example: *el best-seller, el márketing,* while some from an obviously feminine noun in another Latin language are feminine, for example: *la roulotte* (caravan), *la élite.*

Plural of nouns

To form the plural of nouns, the general rule is to add *-s* to a vowel and *-es* to a consonant:

  el niño/los niños   *la niña/las niñas*

  el reloj/los relojes   *la red/las redes*

Foreign imported words, such as *el club,* should behave according to the rules as stated above, but you will hear and see both *los clubes* and *los clubs.*

Take care, however, with the following spelling changes in the plural:

Words ending in *-z* change this to *-ces:*	*una vez/muchas veces*
Words ending in stressed *-án, -én, -ín, -ón, -ión, -és* lose the accent:	*el catalán/los catalanes* *el andén/los andenes* *el maletín/los maletines* *el cajón/los cajones* *la ración/las raciones* *el francés/los franceses*
Words ending in unstressed *-en* add an accent to the preceding syllable:	*la imagen/las imágenes*
Words ending in stressed *-í, -ú* should add *-es* but in spoken Spanish the *-e-* is sometimes omitted:	*el iraquí/los iraquíes* *el tabú/los tabúes*
Most words ending in unstressed *-es* or *-is* do not change:	*el martes/los martes* *la crisis/las crisis*

Note the change of stress in:	*el carácter/los caracteres* *el régimen/los regímenes*
Last names do not usually change in the plural:	*la familia Gómez/los Gómez*

Articles

The definite article (the) has four forms in Spanish: for masculine and feminine singular, and masculine and feminine plural:

masculine: *el carro* (the car)   *los carros* (the cars)

feminine: *la casa* (the house)   *las casas* (the houses)

The indefinite article (a, an) has a masculine and feminine singular and a form which can be used in the plural to mean 'some':

masculine: *un carro* (a car)   *unos carros* (some cars)

feminine: *una casa* (a house)   *unas casas* (some houses)

Note: *el* and *un* are used before a feminine noun beginning with stressed *a-* or *ha-*: *el agua, un águila* (eagle). This is just for the sake of the sound and any adjective describing it still has a feminine agreement: *el agua está fría*. However, when article and noun are separated by an adjective, the normal rule applies: *una hermosa águila*.

Remember: **de + el = del** (of the, from the)

    la puerta del comedor

      a + el = al (to the)

    voy al comedor

These are the only two cases of two words contracting to form one in Spanish.

Use and omission of the definite article

The use of the definite article in Spanish is similar to its use in English, but there are some exceptions:

a) The definite article is omitted in Spanish but not in English with numbers of monarchs, Popes, etc.:

    el rey Juan Carlos primero   King Juan Carlos the First

b) It is also usually omitted in Spanish with a noun in apposition to another:

    Juan Carlos, rey de España   Juan Carlos, the King of Spain

    Tokio, capital del Japón   Tokyo, the capital of Japan

c) It is used in Spanish but not in English when you talk about nouns in a general sense:

EJEMPLOS: *El vino es una bebida muy antigua.*
                Wine is a very old beverage.

        nouns and articles

El café me desvela.
Coffee keeps me awake.

Lo más importante es la esperanza.
Hope is the most important thing.

In these cases the nouns denote the whole of their class—all coffee, all hope, etc. When the noun only refers to part or some of its class, the article is omitted:

EJEMPLOS: *Ese hombre tiene valor.*   The man has courage (i.e., some courage).

Yo tomo carne.   I'm having meat (i.e., some meat).

d) It is used with a language when the language is the subject of a verb:

El alemán es difícil para los hispanoparlantes.
German is difficult for Spanish-speakers.

It should also be used with a language except after *hablar*, but its use seems to be becoming increasingly optional:

No entendemos (el) inglés pero estamos aprendiendo (el) francés.
We don't understand English but we're learning French.

e) Use the definite article to express 'on' a day of the week:

el martes (on Tuesday), *los martes* (on Tuesdays)

f) It is used before titles, such as *el señor, la señora, la señorita, el doctor, el padre,* when people are being talked about, but not addressed:

EJEMPLOS: *El doctor Jiménez es muy bueno.*
Dr. Jiménez is very good.

—*Buenos días, Señora Carrascal.*
Good morning, Mrs. Carrascal.

Use and omission of the indefinite article
The use of the indefinite article in Spanish is similar to its use in English, but there are some exceptions.

a) It is omitted when used after *ser* or *hacerse* + profession, occupation, status:

EJEMPLOS: *Soy estudiante de español.*   I'm a student of Spanish.

Quiero hacerme traductora.   I want to become a translator.

b) It is not usually used after *sin*, or with *¡qué . . . !* , *tal, semejante, medio, cierto, otro:*

EJEMPLOS: *sin camisa*
without a shirt

¡qué risa!
what a laugh!

En mi vida he visto tal/semejante cosa.
Never in my life have I seen such a thing.

Déme medio litro de otro vino.
Give me half a liter of another wine.

c) It is used with an abstract noun qualified by an adjective:

EJEMPLO: *La pintó con un esmero excepcional.*
He painted her with exceptional care.

¡ponte a punto!

1. Arca de Noé

Se dice que en el arca de Noé había dos animales de cada especie. Pero lo del arca fue en tiempos de inundación y Noé tuvo que aguantar no sólo animales. Añade uno más a cada uno de los siguientes animales, cosas y personas para que haya dos. Si hay palabras que no conozcas, ¡búscalas en un diccionario! ¡Cuidado con los acentos!

EJEMPLO: una jirafa > dos jirafas

un rinoceronte _____   una serpiente _____

un gato _____   una res _____

un gorrión _____   un cocodrilo _____

un jabalí _____   una rata _____

un hipopótamo _____   un pitón _____

un ratón _____   un chimpancé _____

. . . además de

una crisis _____   un club de vela _____

una tos _____   un inglés _____

una inundación _____   una portuguesa _____

un régimen _____   un israelí _____

una serie de problemas _____

nouns and articles

2. ¿Macho o hembra?

Has perdido tu diccionario y tienes que adivinar el género (*femenino* o *masculino*) de las siguientes palabras. ¡A ver cuántas adivinas correctamente!

_____ bronquitis	_____ diploma	_____ parabrisas
_____ cuidado	_____ igualdad	_____ civilización
_____ dilema	_____ ama de casa	_____ tesis
_____ goma	_____ Ecuador	_____ equipaje
_____ amor	_____ tragaperras	_____ cumbre
_____ programa	_____ Paraguay	_____ Argentina
_____ paraguas	_____ tribu	_____ software
_____ coma		

3. Fórmula 1

Los artículos definidos e indefinidos faltan en este artículo del periódico *ABC*, de España. Rellena los espacios en blanco con los artículos necesarios—pero ¡cuidado! porque no todos los espacios requieren artículo.

(1) _____ ingeniero John Barnard, uno de (2) _____ diseñadores más importantes de (3) _____ Fórmula 1, volverá a Ferrari para ocuparse de (4) _____ desarrollo y de (5) _____ evolución de (6) _____ monoplazas de (7) _____ escuadra italiana, y su regreso podría arrastrar a (8) _____ actual campeón de (9) _____ mundo, (10) _____ brasileño Ayrton Senna. Barnard ya estuvo en Ferrari entre 1987 y 1989 y entonces produjo (11) _____ auténtica revolución con (12) _____ introducción de (13) _____ chasis de (14) _____ fibra de (15) _____ carbono.

(16) _____ rumor se ha extendido. Ferrari le habría hecho (17) _____ oferta a Senna de (18) _____ 25 millones de dólares y el brasileño afirmó al respecto: «Barnard es (19) _____ pieza clave para que yo decida qué equipo pilotaré el próximo año». También es posible que (20) _____ austríaco Gerhard Berger, quien durante (21) _____ era Barnard condujo para Ferrari, regrese a (22) _____ casa italiana tras (23) _____ contrato firmado por (24) _____ diseñador.

Barnard trabajará en (25) _____ nuevo centro tecnológico de Ferrari en (26) _____ Inglaterra junto a (27) _____ personal italiano. De acuerdo con

(28) _____ nuevo esquema de (29) _____ organización de Ferrari, Harvey

Postlethwaite será (30) _____ director técnico de (31) _____ sede de Maranello y

continuará como (32) _____ responsable de (33) _____ sector de (34) _____

fabricación.

Reproducido con autorización del diario ABC de Madrid

¡. . . y en marcha!

1. Lista de bodas—¡doble!

Unas amigas suyas son gemelas realmente idénticas. Siempre han hecho todo igual y ahora se casan el mismo día, ¡claro! Claro, también, que tú y tus compañeros/as de clase van a darles un regalo idéntico, y por eso Uds. tienen que comprar dos regalos. Comenten sobre las cosas (en plural) que les van a regalar.

POR EJEMPLO: —¿Por qué no les regalamos manteles para la mesa?
                 —Pues yo pienso que les gustarían bandejas.
                 —Yo les daría sábanas.

Cuando lo hayan comentado, haz una lista corta de las posibilidades (¡en plural, claro!).

Escribe tu lista aquí:

_____

_____

_____

_____

2. Ambiciones

Comenta con tus compañeros/as de clase lo que quieren hacer después de terminar sus estudios. Pueden hacerse algunas propuestas unos a otros, también.

POR EJEMPLO: —Yo quiero ser cartero.
                 —A mí me gustaría ser cirujana.
                 —¿Por qué no te haces cantante de música pop?

Puedes anotar tus ambiciones a continuación:

_____

_____

3. Palabras no castizas

Con una selección de revistas y periódicos hispánicos busca con tus compañeros/as palabras de origen extranjero como, por ejemplo, *footing, software,* etc., y hagan una lista de ellas. Miren primero los anuncios y las páginas sobre la música y los deportes, donde tienden a proliferar. Después comprueben su género con un diccionario actual.

4. Geografía hispánica o mundial

Trabaja con un(a) compañero/a. Uno/a tiene que nombrar un país hispánico o del mundo entero, y el otro/la otra decir cómo se llaman los habitantes, qué idioma(s) hablan y luego preguntar el género del país. Pueden utilizar un diccionario si quieren.

POR EJEMPLO: —Paraguay
              —Los habitantes se llaman paraguayos y hablan español y guaraní.
              —¿De qué género es Paraguay?
              —Es masculino.

Al decir el idioma, escríbelo también para comprobar si necesita acento o no:

        español—sí; el tilde
        guaraní—sí; acento agudo sobre la 'i'

Anota algunas sugerencias aquí:

_____

_____

_____

5. ¡Viva el líquido corrector!

Pide a tu profesor(a) una fotocopia de cualquier trozo de texto en español. Con el líquido corrector quita todos los artículos definidos e indefinidos. Vuelve a fotocopiar la hoja y da la segunda copia a un(a) amigo/a para que vuelva a rellenar los espacios en blanco que tú has hecho. Si prefieres, puedes trabajar en parejas para quitar los artículos, dar la copia a otra pareja para que discutan los artículos que tienen que reemplazar.

chapter 2

Adjectives

mecanismos

An adjective describes a noun or a pronoun: a red bus, a modern one.

The agreement of adjectives

In Spanish, adjectives agree in gender (masculine/feminine) and number (singular/plural) with the noun(s) or pronoun(s) they describe, as follows:

a) adjectives ending in -*o*:

| un carro blanco | carros blancos | una casa blanca | casas blancas |

b) adjectives ending in a consonant or -*e* are usually the same in the masculine and feminine singular; those ending in -*e* add -*s* for the plural, and those ending in a consonant add -*es*:

| un carro gris | carros grises | una casa gris | casas grises |
| un carro verde | carros verdes | una casa verde | casas verdes |

But there are some exceptions to the above rule:

c) some adjectives have a predictable masculine plural in -*es* but end in -*a* in the feminine singular and in -*as* in the feminine plural:

• adjectives denoting nationality, region, or place:

inglés	ingleses	inglesa	inglesas
catalán	catalanes	catalana	catalanas
cordobés	cordobeses	cordobesa	cordobesas

• adjectives with the following endings: -án, -ín, -ón, -or:

charlatán	*charlatanes*	*charlatana*	*charlatanas*
chiquitín	*chiquitines*	*chiquitina*	*chiquitinas*
mandón	*mandones*	*mandona*	*mandonas*
encantador	*encantadores*	*encantadora*	*encantadoras*

But the pairs of comparative adjectives ending in -*or* behave normally (like *gris*, above): *mejor, peor; mayor, menor; exterior, interior; anterior, posterior; superior, inferior;* and also *ulterior*.

d) some adjectives end in -*a* regardless of gender, and add -*s* for the plural:

    belga   *belgas*   *belga*   *belgas*

all adjectives ending in -*ista*, of which there are many:

    socialista   *socialistas*   *socialista*   *socialistas*

and *cada* (each) which is invariable.

e) adjectives still agree when used as the complement of the sentence after *ser, estar, parecer, resultar,* etc.:

EJEMPLO: *Las paredes eran/parecían rojas.*   The walls were/looked red.

f) certain nouns used as adjectives do not change, mainly colors where the name of a fruit or flower is used:

    paredes naranja   *insectos hembra* (female insects)

g) adjectives placed after more than one noun take masculine plural agreement:

    profesores y profesoras ingleses

h) adjectives placed before more than one noun tend to agree with the first noun:

    con una fingida atención y esmero   with feigned attention and care

i) shortened adjectives:

Some adjectives used before the noun drop the final letter(s):

—in both genders, singular: *grande* becomes *gran*:

    un gran hombre, una gran mujer

—in masculine singular only: *bueno, malo, primero, tercero, alguno, ninguno*:

    un buen/mal día, el primer/tercer ejercicio, algún/ningún problema

—where *Santo* is used as a title for a male saint, it becomes *San*:

    San Pedro (except for those beginning with *Do-* or *To-*: *Santo Domingo, Santo Tomás*)

The position of adjectives

In general, adjectives follow the noun, as in the examples with color adjectives on page 15 (a, b). Adjectives which commonly precede the noun are the shortened ones mentioned on page 16 (i). The adjective comes first at the start of a letter:

EJEMPLOS: *Querida Conchi:*
              Distinguido Señor:

(There are certain circumstances when other adjectives may come before the noun, but this is a rather elusive area of style, which is beyond the scope of this book.)

Some adjectives vary their meaning according to their position:

	before noun	after noun
antiguo	former, ancient	ancient
cierto	(a) certain	beyond doubt
medio	half	average, mean
pobre	poor (wretched)	poor (not rich)
puro	sheer	pure (clean)
raro	rare	strange, rare
simple	simple, mere	simple-minded
varios	several	assorted, various

Nouns used as adjectives

Although English often uses nouns rather like adjectives to qualify other nouns, these expressions have to be explained in Spanish:

EJEMPLO: *el entrenamiento de fútbol*
              soccer training

              el tren de/para Madrid
              the Madrid train

              los problemas del/con el tubo de escape
              exhaust pipe problems

This also applies to the materials of which things are made:

EJEMPLO: *una camisa de seda*   a silk shirt
              un bolso de piel   a leather handbag

Using the pronoun *lo* with an adjective

This forms a kind of abstract noun, where it is not always easy to find an English equivalent.

EJEMPLOS: *Lo horroroso es que . . .*   The horrible thing is that . . .

              Eso es lo importante.   That is what's important.

adjectives

Making adjectives negative

Although the prefix *in-* is sometimes used in Spanish, there is no predictable equivalent to the English prefix 'un-' to reverse the meaning of an adjective. You can sometimes use *sin* with an infinitive:

EJEMPLO: *Es un método sin probar.*   It's an untried method.

But the most common way to do this is to use *poco*.

EJEMPLO: *Fue una película poco interesante.*   It was an uninteresting film/
It wasn't a very interesting film.

¡ponte a punto!

1. Reunión en el aeropuerto

Vas a ir a trabajar en la casa de una familia en España, a la que no conoces. Quieres escribir una carta dando una descripción de ti mismo/a. Escoge un adjetivo de los que vienen abajo para describir tu aspecto y tu ropa y hazlo concordar si hace falta.

POR EJEMPLO: **piernas largas**

> *aspecto:* pelo, nariz, ojos, orejas, piernas, pies, camisa, blusa, pantalones, falda, chaqueta, zapatos, bolso
>
> *adjetivos:* corto, largo, puntiagudo, rojo, azul, blanco, amarillo, negro, verde, grande, pequeño, ligero, espeso, moderno, viejo, nuevo, brillante, luminoso, de lana, de algodón, de plástico, de piel, de moda

Puedes utilizar más de un adjetivo y más de una vez si quieres.

_____

_____

_____

_____

_____

2. ¡Se busca criminal!

Rellena los espacios en blanco con un adjetivo escogido de la lista que aparece a continuación. ¡Deja que la concordancia te ayude en ciertos casos!

Ayer por la noche el anciano Federico Arenas Muñoz fue atracado en la calle de la Flor. Según su descripción el atracador tenía el pelo (1) _____ y (2) _____ con la cara (3) _____. Llevaba cazadora (4) _____ con bolsillos (5) _____ y pantalones (6) _____ (7) _____ y (8) _____. Llevaba botas (9) _____ (10) _____. Era bastante (11) _____, es decir, medía quizás 1 m 80.

El Sr. Arenas dijo que tenía las uñas muy (12) _____ y hablaba con acento (13) _____, puesto que las (14) _____ palabras que profirió fueron bastante mal (15) _____. Claro que la policía quiere que se detenga a este criminal lo más pronto posible, puesto que puede ser (16) _____ y los ciudadanos del barrio no se sienten (17) _____.

alto	azules	sucias	redonda	pronunciadas	negro
de charol		marrón	pocas	vaqueros	seguros
desgarrados	peligroso	largo	grandes	extranjero	negras

¡ . . . y en marcha!

¡En todas estas actividades, no te olvides de la concordancia de los adjetivos!

1. ¡Mira en torno tuyo!

Con tus compañeros/as puedes jugar "Veo, veo"; pero tienes que dar dos iniciales, una para el sustantivo y otra para el adjetivo.

POR EJEMPLO: **Veo algo que empieza con C.A.** cortinas amarillas
Veo algo que empieza con E.E. enchufe eléctrico

Si quieres, puedes permitir que tus compañeros/as adivinen el sustantivo antes que el adjetivo.

Escribe tus ideas aquí:

_____

_____

2. ¿Quién es?

Tienes que describir a tus compañeros/as a alguien que no está en el aula o el cuarto con ustedes. Puede ser un amigo o una amiga, una estrella de pop u otra personalidad. Tienes que describir su aspecto físico y su carácter, empleando cuantos adjetivos puedas.

Anota algunas descripciones a continuación:

_____

_____

_____

3. ¿Qué es?

Has perdido algún objeto corriente. Tienes que describirlo a tu compañero/a, que es empleado/a de la oficina de objetos perdidos, y decir su tamaño, su color, y de qué material está hecho.

Anota algunos detalles aquí:

_____

_____

4. Vendedor de chismes

Cada uno/a de la clase trae dos o tres cosas—por ejemplo: una percha, un martillo, una bomba de bicicleta, un chupete de bebé—y tiene que persuadir a que sus compañeros/as las compren. Claro que tienes que emplear adjetivos, además de explicar para qué sirve el objeto.

Aprovecha el espacio en blanco para resumir las ventajas de los artículos.

_____

_____

_____

5. ¿Cómo fue?

¡Basta de colores, tamaños y materiales! Piensa en adjetivos abstractos para describir:

una película	una experiencia tuya
un personaje famoso	unas vacaciones
un programa de televisión	una filosofía
unas noticias	un examen
un partido de tenis/fútbol u otro deporte	una aventura
una guerra	una montaña

Trata de encontrar varios adjetivos para describir cada cosa; luego compara tu lista con la de tus compañeros. ¿Cuántos han encontrado en total?

POR EJEMPLO: **La conferencia a la que asistí la semana pasada fue interesante, estimulante, informativa, religiosa, práctica, internacional, aburrida, poco animada, incomprensible, bien/mal organizada, desastrosa . . .**

Claro que te hará falta buscar palabras en el diccionario para lograr una buena gama de adjetivos abstractos.

Escribe tus descripciones originales a continuación:

_____

_____

_____

_____

_____

_____

_____

_____

adjectives

chapter 3

Adverbs

mecanismos

Adverbs qualify parts of speech other than nouns and pronouns, most commonly:
—verbs   (We finished it quickly.)
—adjectives   (We found the journey amazingly easy.)
—other adverbs   (We got here amazingly quickly.)

You will meet several types of adverbs:

• Some adverbs in English are single words in their own right, such as: 'very,' 'quite,' 'late.' Most of these have a corresponding word or phrase in Spanish: *muy, bastante, tarde.*

• Most adverbs are formed in English by adding '-ly' to an adjective, with or without minor spelling adjustments: pretty > prettily, quick > quickly.

a) In Spanish, you add *-mente* to the feminine singular of the adjective, if this is different from the masculine singular:

absoluto > absolutamente	*rápido > rápidamente*
regular > regularmente	*cortés > cortésmente*

Note: The accent remains on the original adjective.

Not all adjectives can add *-mente.* Use those to which you can add '-ly' in English as a fairly reliable guide (you can't say 'fatly,' or *gordamente*!).

When you have consecutively two or more adverbs which would end in *-mente,* the ending *-mente* appears only on the last adjective, though all adjectives will be in the feminine form:

lenta y cuidadosamente   slowly and carefully

The adverbial forms of *bueno* and *malo* are *bien* and *mal,* although you may come across *buenamente* and *malamente* in popular speech.

b) Because some adverbs of the *-mente* type can be rather long (try *independientemente*!), an adverbial phrase is sometimes used, often with *con* or *sin* + the related noun:

Habló con tristeza. (for *tristemente*)	He spoke sadly/with sadness.
Actuó sin prisa. (for *lentamente*)	He acted slowly/unhurriedly.

or with *de un modo* or *de una manera*:

Habló de una manera triste.

(This, incidentally, is simply expressing in modern Spanish what *triste mente* meant in the original Latin—'with a sad mind, in a sad manner'!)

c) Sometimes you can use an adjective as an adverb:

El tiempo pasó muy rápido. Time passed very quickly.

But be careful, if you don't like taking risks!

Note: when *sólo* means 'only' and is the equivalent of *solamente* (an adverb), it has an accent; when it means 'alone' or *solo* (an adjective), it has no accent.

¡ponte a punto!

1. Todo está en la mente

A veces, en inglés, hablamos incorrectamente, empleando adjetivos con un verbo cuando deberíamos emplear un adverbio: *she walks slow* es incorrecto (Debe decirse: *she walks slowly*). En español, en general, la regla es igual, aunque a veces se puede emplear un adjetivo con un verbo. Pero para estar seguro/a, tú tienes que corregir las frases siguientes, empleando un adverbio en lugar de un adjetivo.

1. Yo aprendo muy *lento*. _____

2. Nuestro profesor habla muy *rápido*. _____

3. Tú te comportas muy *estúpido*. _____

4. Todo esto sale muy *lógico*. _____

5. Estoy hablando *personal*. _____

6. Ocurre *regular*. _____

7. Ahora sabes hacerlo *correcto*. _____

8. Pues, ¡hazlo *bueno*! _____

adverbs

2. En viaje de negocios

Primera parte

Has estado en México en viaje de negocios, y aquí describes los éxitos y fracasos del viaje. Escoge un adverbio de los que aparecen abajo y úsalo para contestar a cada pregunta. Algunos pueden servir para dos o más respuestas, pero trata de usar cada uno una vez solamente.

1. ¿Cuándo fuiste a México?

   _____

2. ¿Cómo conseguiste el billete de avión?

   _____

3. ¿Cómo te recibieron en la primera empresa que visitaste?

   _____

4. ¿Cómo llevaste las negociaciones sobre el precio de tu producto?

   _____

5. ¿Cómo contestaron al rechazar el producto?

   _____

6. ¿Cómo explicaste tu problema a tu jefe?

   _____

7. ¿Cómo reaccionó éste cuando le hablaste del fracaso?

   _____

8. ¿Cómo persuadiste a la segunda empresa a que comprara el producto?

   _____

9. ¿Cómo recibió las mejores noticias tu jefe?

   _____

10. ¿Cómo dormiste aquella noche?

    _____

entusiasmadamente	atentamente	categóricamente	profundamente
recientemente	persuasivamente	diplomáticamente	difícilmente
fácilmente	airadamente		

Segunda parte

Ahora identifica cuál de estas frases adverbiales se podría emplear en vez de los adverbios que aparecen arriba y escribe la respuesta a la pregunta utilizándola:

con discreción _____	con cortesía _____
como un tronco _____	con satisfacción _____
sin duda alguna _____	con enojo _____
con ahínco _____	hace poco _____
sin dificultad _____	no sin problemas _____

¡...y en marcha!

1. ¿Cómo lo hacen?

Trabaja con tus compañeros/as, empleando adverbios para describir los movimientos y acciones de varios animales, personas u objetos. Los demás tienen que adivinar lo que se describe.

POR EJEMPLO:　—Es un animal que se mueve lenta y pesadamente.
　　　　　　　　—Es un elefante.

Anota tus ideas aquí:

_____

_____

_____

2. «Publiciadverbios»

Tú y tus compañeros/as trabajan en una agencia de publicidad, y han decidido montar una campaña de «publiciadverbios», es decir, anuncios que lleven un adverbio que termine con -*mente*. Tienen que discutir qué producto o mensaje iría mejor con algunos de estos publiciadverbios, y cómo presentarían el anuncio (quizás dibujándolo si eres buen artista).

POR EJEMPLO:　¿Para qué serviría ¡DULCEMENTE!? ¿Quizás para anunciar una tableta de chocolate, una caja de caramelos? ¿Con un chico que se la ofrece a su novia o al revés?

Ahora a ver qué pasa con:

¡CLARAMENTE!	*¡Independientemente!*	¡LOCAMENTE!
¡SINCERAMENTE!	¡PRIMERAMENTE!	*¡Inesperadamente!*
¡Imposiblemente!	*¡Concretamente!*	*¡ENTERAMENTE!*
¡CONFIDENCIALMENTE!	¡INNEGABLEMENTE!	¡IGUALMENTE!

Anota algunas sugerencias a continuación:

_____

_____

_____

3. Consejos

Pides consejos para saber cómo decir ciertas cosas a tu novio/a. No sabes expresarte como quieres, y pides sugerencias a tus compañeros/as. Claro que éstos/as tienen que sugerirte algunos adverbios o expresiones adverbiales.

POR EJEMPLO: —¿Cómo voy a decirle que lo/la quiero?
                    —Dile que lo/la quieres **locamente/tontamente/apasionadamente/**
                    sinceramente . . .

¿Cómo voy a . . .

    . . . ofrecerme a hacerle sus deberes?
    . . . agradecerle su regalo de cumpleaños?
    . . . darle el anillo que acabo de comprar?
    . . . decirle que quiero casarme con él/ella?
    . . . preguntarle si quiere ir de vacaciones conmigo?
    . . . explicarle que no puedo verlo/la esta semana?
    . . . confesarle que no me gusta su nuevo peinado?
    . . . decirle que ya no lo/la quiero?
    . . . informarle que tengo otro/a novio/a?
    . . . hablarle de mi amigo/a Juan/Juana?
    . . . ?

Añade otros problemas tuyos.

Escribe los consejos que te dan en el espacio en blanco.

_____
_____
_____
_____
_____
_____
_____
_____
_____

chapter 4

Comparative of Adjectives and Adverbs

mecanismos

There are various ways of comparing people and things: 'more . . . than,' 'less . . . than,' 'as . . . as,' 'not as . . . as.'

Adjectives

• **More . . . than**

In English we either add '-er' to an adjective (bigger, smaller) or use 'more' before the adjective (more intelligent). In Spanish you use *más* + adjective + *que*.

EJEMPLOS: *España es más grande que Costa Rica.*
Spain is bigger than Costa Rica.

El japonés es más difícil que el español.
Japanese is more difficult than Spanish.

The exceptions are *mejor* (better), *peor* (worse), *mayor* (older), *menor* (younger).

EJEMPLOS: *El tren de las 11:01 es mejor que el de las 10:47.*
The 11:01 train is better than the 10:47.

Manuel es mayor que Conchita.
Manuel is older than Conchita.

There is no need to express 'than' when there is no follow-up to the comparison:

EJEMPLO: *Este tren es bueno pero el otro es mejor.*
This train is good but the other is better.

comparatives

• **Less . . . than**

In Spanish, use *menos . . . que.*

EJEMPLO: *Rosario es una ciudad menos importante que Buenos Aires.*
    Rosario is a less important city than Buenos Aires.

Comparison with a number

When used with a number, *más* and *menos* are followed by *de* (not *que*):

Había más/menos de cien personas en el auditorio.
There were more/less than a hundred people in the auditorium.

Comparison with a clause

When the comparison is of quantity with a clause containing a noun or pronoun, use *más del/de la/de los/ de las que,* depending on the noun referred to:

EJEMPLO: *Vinieron cien personas más de las que esperábamos.*
    A hundred more people than (those whom) we were expecting came.

If there is no noun or pronoun to compare, use *de lo que:*

EJEMPLO: *Es menos importante de lo que pensaba originalmente.*
    It's less important than I originally thought.

Equality

Use *tan* + adjective + *como* (not *que*) where English uses 'as' + adjective + 'as':

EJEMPLO: *Este tren es tan bueno como el otro.*   This train is as good as the other.

Notice that 'as much/as many as' in Spanish is: *tanto(s)/tanta(s) como* (not *tan mucho*):

EJEMPLO: *Siempre tiene tanta suerte.*   He always has so much luck/He's always so lucky.

You can also use these phrases negatively in the sense of 'not as . . . as, not as much/many . . . as':

EJEMPLOS: *El problema no es tan sencillo como parece.*
    The problem is not as simple as it looks.

    No tenemos tantos problemas como Uds.[1]
    We don't have as many problems as you.

• *Tan . . . que* and *tanto . . . que* are used with a clause of result:

---

[1]*Ud./Uds.* are the abbreviations for *usted/ustedes* used in Latin America. *Vd./Vds.* are more common in Spain.

EJEMPLOS: *Es tan listo que sus profesores no saben cómo tratarlo.*
He's so clever (that) his professors don't know how to deal with him.

Llovió tanto que tuvimos que volver a casa.
It rained so much (that) we had to go back home.

Adverbs

Adverbs can be compared in exactly the same ways as the adjectives above:

EJEMPLOS: *Mi colega trabaja más/menos rápidamente que yo.*
My colleague works more/less quickly than I.

Este libro explica el problema más claramente.
This book explains the problem more clearly.

Hablas castellano mejor que nosotros.
You speak Spanish better than we (do).

Mejor and *peor* are also the comparatives of *bien* and *mal*:
mejor (better), *peor* (worse)

• *Cuanto más . . . más* (the more . . . the more) and *cuanto menos . . . menos* (the less . . . the less)

EJEMPLOS: *Cuanto más trabajes, más cobrarás.*
The more you work, the more you'll earn.

Cuanto menos trabajes, menos cobrarás.
The less you work, the less you'll earn.

Cuanto más trabajo, menos cobro.
The more I work, the less I earn.

¡ponte a punto!

1. ¿Qué sabes de Latinoamérica?

¡Todo mentiras! Las siguientes observaciones sobre Latinoamérica son todas incorrectas. Corrígelas, usando una forma del comparativo—más . . . que, menos . . . que, (no) tan . . . como, (no) tanto . . . como.

1. Brasil es menos grande que Chile.

   _____

2. No llueve tanto en las selvas de Brasil como en el desierto de Atacama en Chile.

   _____

3. Más personas hablan portugués que español en Latinoamérica.

   _____

comparatives

4. Hay más capitalistas en Cuba que en el resto de Latinoamérica.

_____

5. Acapulco está más contaminada que la Ciudad de México.

_____

6. El río Grande es más largo que el río Orinoco.

_____

7. Hace más frío en Caracas que en Tierra del Fuego.

_____

8. No hay tantos tejanos en Texas como en Patagonia.

_____

9. Más ingleses que norteamericanos visitan los países de Sudamérica.

_____

10. Los habitantes de las Islas Malvinas hablan más español que inglés.

_____

2. Geografía europea

Usando las diferentes formas del comparativo, haz frases que comparen los países, ríos, idiomas, etc., que aparecen a continuación. Quizás te haga falta un mapa de Europa.

POR EJEMPLO: **Madrid y Córdoba**

Madrid es más grande/ruidosa/cosmopolita que Córdoba.
Córdoba es menos importante/estratégica/moderna que Madrid.
Córdoba está menos contaminada/concurrida que Madrid.
Madrid (no) es tan interesante/histórica/antigua/turística como Córdoba.
Córdoba no tiene tanto tráfico/tantos habitantes como Madrid.

1. Luxemburgo y Rusia

_____

2. El río Rin y el río Danubio

_____

3. Los Pirineos y los Alpes suizos

_____

4. España y Portugal

_____

5. Suiza y Holanda

_____

6. Islandia y Malta

_____

7. Los ferrocarriles franceses y los españoles

_____

8. Londres y París

_____

9. El idioma catalán y el castellano

_____

10. Tu ciudad o pueblo y una ciudad o pueblo que conozcas de otro país europeo

_____

¡...y en marcha!

1. ¡Yo soy más perfecto/a que tú!

Cambia observaciones (¡o quizás insultos!) con tus compañeros/as de clase sobre ustedes mismos.

POR EJEMPLO: Yo soy más joven/guapo(a)/inteligente/alto(a) que tú.
                Tú no eres tan guapo(a) como yo/No tienes tanta edad como yo.

Anota tus observaciones aquí:

_____
_____
_____
_____

2. ¡No es igual!

Haz comparaciones entre lo que se ve en la calle donde vives y otra calle más importante.

POR EJEMPLO: En la calle donde vivo hay más tranquilidad pero menos comodidades.

Escribe algunas comparaciones a continuación:

_____
_____
_____
_____
_____

comparatives

chapter 5

Superlative of Adjectives and Adverbs

mecanismos

The superlative of adjectives

The superlative in English ends in '-est' (biggest, smallest), or we use 'most' before the adjective (most important). For the negative superlative we use 'least' with all adjectives. In Spanish you use the noun with its article followed by *más* or *menos* and the adjective—the definite article is not repeated.

> *La ciudad más importante*

The superlative is normally followed by *de*:

> *Quito es la ciudad más importante de Ecuador.*
> Quito is the most important city in Ecuador.

The following superlatives are exceptions worth noting:

> *el/la mayor* (the biggest/the eldest)   *el/la menor* (the youngest)
>
> *el/la mejor* (the best)   *el/la peor* (the worst)

EJEMPLO: *Esta carretera es la peor.*   This road is the worst.

With a possessive, the superlative of the adjective does not take the article:

EJEMPLO: *El Guernica es su obra más famosa.*
      Guernica is his most famous work.

The superlative of adverbs

To form the superlative of adverbs, again use *más* or *menos* without the definite article. Although this is the same as the comparative, the context will usually give the sense of the superlative:

EJEMPLOS: *Ana trabaja más de prisa.*   Ana works fastest.

      Pedro escribe mejor.   Pedro writes best.

The comparative form will usually be followed by *que* (than):

EJEMPLO: *Pedro escribe mejor que Juan/ninguno/nadie.*
Pedro writes better than Juan/anyone.

To say 'very, very,' 'extremely,' you can add *-ísimo* to most adjectives:

EJEMPLOS: *un profesor aburridísimo*
an extremely boring teacher

La comida fue riquísima. (Note spelling change.)
The food was very, very good.

You can also add *-mente* to this form to make an adverb (see Chapter 3):

EJEMPLO: *Hablaba rapidísimamente.*   She was speaking very, very quickly.

¡ponte a punto!

1. Más sobre España

Empleando un superlativo, haz frases completas con las palabras siguientes.

POR EJEMPLO: Barcelona — puerto — importante — costa mediterránea
                Barcelona es el puerto más importante de la costa mediterránea

1. La Rioja — autonomía — pequeña — toda España

   _____

2. el vino — producto — importante — la Rioja

   _____

3. las drogas — problema — preocupante — la juventud española

   _____

4. Pedro Almodóvar — director de cine — conocido — la actualidad

   _____

5. Barcelona — ciudad — importante — Cataluña

   _____

6. el AVE — tren — rápido y moderno — la RENFE

   _____

superlatives

7. el turismo — factor — imprescindible — la economía española

_____

8. el autobús — modo de viajar — barato — todos

_____

9. el Ebro — río — largo — España

_____

10. Granada — ciudad — con influencia árabe — toda Andalucía

_____

2. ¡Un restaurante estupendísimo!

Contesta a las declaraciones siguientes, añadiendo un superlativo.

POR EJEMPLO: **—Las fresas están muy frescas, ¿verdad?**
               —Sí, están fresquísimas.

1. El gazpacho está muy frío, ¿verdad?

_____

2. Estos manteles son muy lindos, ¿verdad?

_____

3. Estas papas están muy ricas, ¿verdad?

_____

4. Estos restaurantes son muy buenos, ¿no?

_____

5. La camarera es muy simpática, ¿verdad?

_____

6. Los postres son muy grandes, ¿no te parece?

_____

7. La salsa es muy sabrosa, ¿no?

_____

8. El personal trabaja mucho, ¿no?

_____

9. Estás contenta con la comida, ¿no?

_____

10. Te sirven muy rápidamente, ¿verdad?

_____

¡...y en marcha!

1. El consejo estudiantil

Con tus compañeros/as estás seleccionando representantes para el consejo estudiantil. Empleando superlativos, haz comentarios sobre los candidatos.

POR EJEMPLO: **Ana es la más lista; Pablo es el menos amable; Linda y Juan son los más populares del curso.**

He aquí unos adjetivos para ayudarte:

descarado	inteligente	educado	perezoso	aplicado	sabio
informado	honrado*	difícil	simpático	conflictivo	hablador
socarrón	positivo	gracioso*	joven	ingenuo*	persuasivo
vital*	soñador	idealista	realista	izquierdista*	derechista*

Escribe algunas ideas a continuación:

_____

_____

_____

2. Titulares

Estás produciendo un periódico escolar en español, y te hacen falta titulares impresionantes o chocantes. Con la ayuda de un periódico cualquiera, español o inglés, inventa titulares para algunos de los reportajes, usando superlativos. Discute tus titulares con los otros estudiantes.

POR EJEMPLO:

La basura—el problema más apremiante de nuestras calles

La Señora X—¡la profesora menos comprendida del colegio!

Anota algunos titulares aquí:

_____

_____

_____

---

*¿Sabes exactamente lo que significan estas palabras? ¡Quizás valga la pena buscarlas en el diccionario!

superlatives

chapter 6

Demonstrative Adjectives and Pronouns

mecanismos

Demonstrative adjectives and pronouns

Demonstrative adjectives and pronouns, as their name implies, are used to demonstrate or pinpoint whatever is being referred to. Because they refer to nouns, there are masculine and feminine, singular and plural forms to match the nouns they describe.

- *Este/esta* (this) and *estos/estas* (these) are used to describe something close to you.

- *Ese/esa* and *esos/esas* are used for 'that' and 'those.'

- *Aquel/aquella* (that) and *aquellos/aquellas* (those) are used to describe something further away from you, especially to distinguish it from *este* and *ese*.

- As you can see, Spanish is unusual in having three levels of demonstration or comparison: *este* . . . (this), *ese* . . . (that), and *aquel* . . . (the . . . over there).

EJEMPLOS: *Este chico es más alto que ése.*
This boy is taller than that one.

Esta chica es menos inteligente que aquélla.
This girl is less intelligent than that one.

Esos perros son más ruidosos que aquéllos.
Those dogs (near you) are noisier than those over there.

They can all be used as adjectives, placed in front of a noun, or as pronouns, standing alone to represent a noun. As pronouns, they carry an accent on the first *e* to distinguish them from the adjectives. (This only affects the written form, of course, but in any case this rule is no longer rigidly observed.)

este/éste	ese/ése	aquel/aquél
esta/ésta	esa/ésa	aquella/aquélla
estos/éstos	esos/ésos	aquellos/aquéllos
estas/éstas	esas/ésas	aquellas/aquéllas

There are also three special neuter forms of the pronouns (which do not have an accent):

esto, eso and *aquello.*

These are used to describe a general idea rather than a specific idea or thing, and are also used to refer to something before its gender is known.

EJEMPLO: *¿Qué es esto?*

They are often used as in the following examples to express an idea:

EJEMPLOS: *Esto es algo que no me gusta nada.*   This is something I don't like.

Nunca había oído hablar de eso.   I had never heard of that.

¿Qué piensas de todo aquello?.   What do you think of all that?

The pronoun forms *éste* and *aquél* are often used in the sense of the English 'the latter' and 'the former.'

EJEMPLO: *Chicago es más grande que Madrid, pero ésta tiene más problemas con el tráfico que aquélla.*
Chicago is larger than Madrid, but the latter has more traffic problems than the former.

¡ponte a punto!

1. ¡El profesor criticón!

Rellena los espacios en blanco con adjetivos o pronombres apropiados de los que se ven arriba.

El señor don Eutiquio Deberes es profesor en (1) _____ instituto. Enseña Historia en

(2) _____ aula, pero a veces tiene que pasar a (3) _____ , que está

al lado de la biblioteca. (4) _____ buen señor, que suele estar de mal humor y que es

muy criticón, habla de sus alumnos mientras escribe sus informes.

'A ver, a (5) _____ chico no lo voy a aprobar. Y a (6) _____

tampoco, porque trabaja aun menos que (7) _____ . La verdad es

que todos (8) _____ chicos son unos vagos. No estudian tanto como mis

compañeros y yo; (9) _____ generación parece que no quiere progresar como

(10) _____ . Y las chicas son iguales. (11) _____ chicas de hoy no

son tan formales como (12) _____, las de mi generación. Sobre todo la Concha y la

Juanita: (13) _____, parece que no sabe nada, y (14) _____ no

quiere saber nada. ¡Nunca hubo jóvenes tan perezosos como (15) _____!'

Nota: ¡No te olvides de hacer concordar los adjetivos y pronombres con los sustantivos!

¡ . . . y en marcha!

1. ¡Qué cliente más pesado/a!

Trabajas en una tienda de modas y tu compañero/a de clase es un(a) cliente: él/ella pide toda una serie de vestidos, pero todo es demasiado grande/largo/caro. . . . En cada caso, tú le ofreces otra cosa, ¡y continúas así!

POR EJEMPLO: Cliente: Quiero un suéter, pero éstos son demasiado grandes para mí. No tienes uno más pequeño que aquéllos?

Tú: Claro, este suéter es más pequeño que aquéllos.

Escribe ideas para el diálogo aquí:

_____

_____

_____

_____

_____

2. ¡Don Sabelotodo!

Cuentas a un(a) amigo/a una noticia tuya, pero—¡ya lo sabe, ya lo ha hecho, ya lo ha visto todo!

POR EJEMPLO: Tú: Ayer fui a ver la nueva película de Kevin Costner.

Sabelotodo: ¡Ya vi esta película la semana pasada!

Tú: ¿Sabes que Loli va a casarse con Manuel?

Sabelotodo: Sí, sí. Ya sabía esto.

Anota ideas para el diálogo aquí:

_____

_____

_____

_____

3. ¡El concurso de perros!

Tú y tus compañeros son jueces en un concurso para perros. Tienen que comparar los perros que han pasado a la etapa final para decidir cuál va a ganar.

POR EJEMPLO: A: **Este perro es más inteligente que aquél, ¿verdad?**

                      B: **Sí, pero ese perro a la derecha tiene la cara más bonita que aquéllos.**

                      C: **Pues yo prefiero los perros con el rabo largo como aquél.**

Anota más características a continuación:

_____

_____

_____

4. Niños mimados

Llevas a un niño mimado a un almacén grande para comprarle un regalo. Pero el niño, que también es travieso y rebelde, se opone a todo lo que le ofreces y propones. (Tu amigo/a es el niño.)

POR EJEMPLO: Tú: **¿Quieres un paquete de estos caramelos?**

                   Niño: **¡Ya sabes que nunca compro aquéllos!**

                     Tú: **Bueno, ¿por qué no vamos a mirar los discos?**

                   Niño: **¡Porque no me interesa nada hacer eso!**

Antes de presentar el diálogo, anota unas ideas aquí:

_____

_____

_____

_____

demonstratives

5. ¡El contrario!

Has invitado a un(a) amigo/a en casa, y le ofreces varias cosas. En cada caso, él/ella no quiere aquella cosa, sino otra.

POR EJEMPLO: Tú: ¿Quieres un vaso de este vino?

              Amigo/a: **No, gracias, prefiero aquél.**

                  Tú: ¿Te gustaría escoger uno de estos pasteles?

              Amigo/a: **Ay, no. ¡No puedo comer éstos! ¡No quiero engordar!**

Anota ideas para el diálogo—o el diálogo mismo—a continuación:

_____

_____

_____

_____

_____

6. El vendedor

Imagina que trabajas en cualquier tienda y que das una descripción oral o por escrito de varios productos del mismo tipo, dando sus méritos y características.

POR EJEMPLO: **Bueno, esta aspiradora funciona muy bien, y tiene un motor más potente que aquélla. Pero ésta es más cara que aquéllas que tenemos allí.**

Aprovecha el espacio en blanco para describir las características de un producto.

_____

_____

_____

chapter 7

Possessive Adjectives and Pronouns

mecanismos

Possessive adjectives

Possession can be expressed in many different ways, most commonly by means of an adjective. As with other adjectives, Spanish possessive adjectives have to agree with the nouns they describe, so they have more than one form:

mi/mis	my
tu/tus	your = belonging to *tú*
su/sus	{ your = belonging to *usted* his, her, its
nuestro/nuestra/nuestros/nuestras	our
vuestro/vuestra/vuestros/vuestras	your = belonging to *vosotros*
su/sus	{ your = belonging to *ustedes* their

As you can see, only *nuestro* and *vuestro* have four forms, for masculine and feminine, singular and plural:

> *nuestro carro/nuestra madre/nuestros tíos/nuestras amigas*
> our car/mother/uncles (and aunts)/friends

> *vuestro padre/vuestra comida/vuestros discos/vuestras tías*
> your father/meal/records/aunts

Mi, tu, and *su* have only one singular and one plural form—the same form is used for masculine and feminine, in both singular and plural:

mi libro	my book	*mis cartas*	my letters
tu perro	your dog	*tus gatos*	your cats
su casa	his/her/their/your house	*sus apartamentos*	his/her/their/your apartments

Note that *su* is used for 'his,' 'her,' 'its,' 'their,' and for the formal forms of 'your' (of *usted* and *ustedes*). The forms *vuestro/vuestra/vuestros/vuestras* and the corresponding second person plural verb forms in spoken Spanish are restricted to Spain. In written Spanish in the Americas these forms are rarely used beyond certain fixed texts such as the Bible. See also p. 59.

Note also that all these possessive adjectives agree with the noun in the same way as other adjectives—that is, they agree with the thing owned, not with the owner. A common error is to think that *su* means his/her/its/your (*de usted*), and that *sus* means their, your (*de ustedes*); instead, both *su* and *sus* can mean all of these, but while *su* is used for a singular possession, *sus* is used for plural possessions.

Use of *de*

To answer the question *¿De quién es esto?* (Whose is it?), Spanish uses *de* + person:

EJEMPLOS: *Es **de** Miguel.*   It is Miguel's.

               *Es la casa **de** Fernando.*   It is Fernando's house.

               *Son las hermanas **de** Maribel.*   They are Maribel's sisters.

This structure is sometimes used to avoid ambiguity after one of the various uses of *su*.

EJEMPLOS: *Vi a José y a Teresa con la madre de ella.*
               I saw José and Teresa with her mother.

               Oiga, por favor, ¿es el carro de usted?
               Excuse me, is this your car?

Possessive pronouns

To convey the sense of 'mine,' 'yours,' 'hers,' and so on, that is, to express possession without repeating the noun, the following pronouns are used:

mine	*mío*	*mía*	*míos*	*mías*
yours (*tú*)	*tuyo*	*tuya*	*tuyos*	*tuyas*
his/hers/its/yours (*usted*)	*suyo*	*suya*	*suyos*	*suyas*
ours	*nuestro*	*nuestra*	*nuestros*	*nuestras*
yours (*vosotros*)	*vuestro*	*vuestra*	*vuestros*	*vuestras*
theirs/yours (*ustedes*)	*suyo*	*suya*	*suyos*	*suyas*

These possessive pronouns can be used as in the following examples:

      Este libro es mío, aquél es tuyo.   This book is mine, that one is yours.

No article is used when these pronouns are used with *ser.*

> *Ayer visité a unos tíos míos que viven en Guadalajara.*
> Yesterday I visited an uncle and aunt of mine who live in Guadalajara.

No article is used when the possessive pronoun is used in this adjectival way in the sense of . . . of mine.'

> *Mi casa es más grande que la tuya, pero tus padres son más ricos que los míos.*
> My house is bigger than yours, but your parents are richer than mine.

The article is used here because the pronoun does indeed replace a noun.

Reflexive used to express possession

With parts of the body and clothes, as in cases such as 'he washed his face,' possession is not expressed by using a possessive adjective as in English, but by the use of a reflexive construction (see Chapter 14 on reflexive verbs):

EJEMPLOS: *Me lavé la cara.*
I washed my face.

Se limpian los dientes después de comer.
They brush their teeth after eating.

The same structure is used, for example, for 'he put on his hat,' where the subject puts on an item of clothing:

EJEMPLOS: *Me puse el sombrero.*   I put my hat on.

Vamos a ponernos el abrigo.   We'll put our coats on.

Notice the singular *abrigo*—only one coat each!

¡ponte a punto!

1. Tu casa y la mía

Acabas de recibir esta carta de un amigo tuyo—colombiano—que ha pasado un mes contigo. Él hace una comparación entre sus respectivas familias, casas, ciudades y escuelas. Pero ha omitido todos los posesivos. ¿Sabrás rellenar los espacios con el posesivo más apropiado? ¡Suerte!

Bogotá
2 de mayo

¡Hola!

Ya estoy otra vez en (1) _____ casa después de estar un mes en

(2) _____. (3) _____ padres dicen que tengo que volver

a darles las gracias a (4) _____.

Ya sabes que (5) _____ familia es más pequeña que

(6) _____; (7) _____ madre dice que

(8) _____ tiene mucha suerte. Además, (9) _____ casa es

más pequeña que (10) _____. Y también, en Estados Unidos todas

(11) _____ casas tienen jardín, mientras que aquí la mayoría de

(12) _____ apartamentos no lo tienen.

(13) _____ ciudad tiene más espacios abiertos que

(14) _____, pero (15) _____ tiene más parques que

(16) _____ en Estados Unidos. (17) _____ ciudades grandes

suelen tener más embotellamientos que (18) _____.

Lo que me parece muy interesante es que (19) _____ clase sea más

pequeña que (20) _____. ¡Me parece también que

(21) _____ compañeras de clase son tan simpáticas como

(22) _____! Una cosita más: si encuentras unas zapatillas blancas, ¡son

(23) _____! Creo que las dejé en (24) _____ dormitorio.

Un abrazo,
Felipe

2. ¿De quién son?

Están en la oficina de objetos perdidos del colegio. El bedel, que es una especie de portero, quiere saber de quién son varios objetos perdidos. Contesta a las siguientes preguntas según lo que viene en paréntesis.

1. ¿De quién es este bolígrafo? (Marcos)

_____

2. ¿De quién es esta corbata? (Ángel)

_____

3. ¿De quién es aquel transistor? (Anita)

_____

4. ¿De quién es el diccionario? ¿Es del profesor de inglés? (Sí, . . .)

_____

5. ¿De quién es aquella carta? ¿Es tuya? (Sí, . . .)

_____

6. ¿De quién es ese diario? ¿Es mío? (Sí, . . .)

_____

7. ¿De quién es aquel balón? ¿Es de Uds.? (Sí, . . .)

_____

8. ¿De quién es la toalla? ¿Es nuestra? (Sí, . . .)

_____

9. ¿De quién son esos cuadernos? (Miriam González)

_____

10. ¿De quién son las fotos? (Pablo Peláez)

_____

11. ¿De quién son estas naranjas? ¿Son tuyas? (Sí, . . .)

_____

12. ¿De quién son los mapas? ¿Son del profesor de geografía? (Sí, . . .)

_____

13. ¿De quién son aquellas gafas? ¿Son de tu madre? (Sí, . . .)

_____

14. ¿De quiénes son estos sombreros? ¿Son de las cocineras? (Sí, . . .)

_____

15. ¿De quiénes son los bolígrafos rojos? ¿Son de ustedes? (Sí, . . .)

_____

16. ¿De quiénes son estas bebidas? ¿Son suyas? (Sí, . . .)

_____

3. Mensajes conflictivos

Imagina que un día, en clase, tú y tus compañeros/as de clase se mandan mensajes unos/as a otros/as mientras el profe no está mirando. Están haciendo comparaciones y contradicciones. Así, tienes que escribir una respuesta a los mensajes de tus amigos/as.

1. Mi moto es más rápida que la tuya, ¿verdad?

_____

2. Tu novio/a es más feo/a que el mío/la mía, ¿no?

_____

3. Nuestra abuela es más vieja que la suya.

_____

4. Tus tíos son más simpáticos que los míos.

_____

5. Oye, mi perro es más feroz que el suyo, ¿verdad?

_____

6. Ya sabes que tu amiga es más tonta que la mía.

_____

7. Mi bolígrafo costó más dinero que el tuyo.

_____

8. Nuestros deberes son más difíciles que los suyos, ¿verdad?

_____

9. Su profesor es mejor que el nuestro.

_____

10. Los mensajes que mandan ellos son más aburridos que los nuestros, ¿no?

_____

¡...y en marcha!

1. El cleptómano

Uno a uno, hacen el papel de un cleptómano: el cleptómano roba todo lo que pueda a sus compañeros. Éstos tienen que pedirle que se lo devuelva, usando los posesivos como en los ejemplos siguientes:

Cleptómano: Ay, ¡que me gusta mucho esta cartera! Creo que es mía.

Víctima: Huy no, no puede ser. Es mi cartera . . . Sí, sí, es mía.

Compañero/a: ¡Tiene razón! Es suya, no es tuya.

Otro/a compañero/a: ¡No es tuya, imbécil! Es de Sarah. La tuya es más pequeña.

Escribe unas ideas para el diálogo aquí:

_____

_____

_____

_____

_____

2. Juego de memoria

Un(a) voluntario/a sale de su aula. Cada miembro de la clase pone varios objetos en el escritorio del profesor, o en cualquier mesa o pupitre.

Llaman al voluntario/a la voluntaria, que tiene que adivinar de quién son los artículos.

POR EJEMPLO: Profe: **¿De quién es este libro?**

                    Voluntario/a: **¿Es de Julián?**

                    Clase: **No, no es suyo.**

                    Voluntario/a: **¿Es del profesor?**

                    Profe: **No, no es mío tampoco.**

Piensa en algunos objetos y escríbelos a continuación:

_____

_____

3. En la oficina de objetos perdidos

Perdiste tu paraguas, o lo dejaste en el autobús. En la oficina de objetos perdidos te hacen varias preguntas sobre el color, el tamaño y otras características de tu paraguas. ¡También puedes 'perder' otros artículos, hasta a tu hermano o un animal doméstico!

POR EJEMPLO: Tú: **Perdí mi paraguas. Creo que lo dejé en el autobús ayer.**

                    Empleado/a: **Bueno, tenemos varios. ¿Cómo era el suyo?**

                    Tú: **El mío era de color naranja.**

                    Empleado/a: **¿Es éste?**

                    Tú: **No, no es mío. El mío era más largo . . .**

Anota algunos objetos y sus descripciones aquí:

_____

_____

_____

4. Y tú, ¿qué vas a tomar?

Invitas a varios/as amigos/as, o sea, a la clase entera, incluso/a tu profesor(a) a tomar algo. Cada uno/a pide una cosa distinta. Cuando llega el camarero/la camarera, te pregunta de quién es cada bebida: tú tienes que contestarle, ¡si recuerdas todos los detalles!

Camarero/a: ¿De quién es el café solo?

Tú: Es de Simón.

Camarero/a: Y el té, es de esta señorita, ¿no?

Tú: No, no es suyo. Es suyo el agua mineral. El té es de mi profesor.

Piensa en lo que van a tomar y anótalo aquí:

_____

_____

_____

5. ¡Novios ideales!

En una página de una revista para jóvenes, la Tía Angustias publica cartas de sus lectores, dándoles consejos y sugerencias para ayudarles a resolver sus problemas. Escribe una carta a la Tía Angustias en la cual describes a tu novio/a con todas sus cualidades y defectos.

Luego tienes que imaginar que eres la Tía Angustias. Contestas, comparando al novio/a la novia de la carta con el novio/la novia ideal, pero recordando a tu lector(a) que tiene que aceptar a su novio/a tal y como es.

POR EJEMPLO: Lectora: Mi novio no es muy generoso, pero me da un regalo para mi cumpleaños.

Tía Angustias: El novio ideal ofrece más regalos que el tuyo, y es más generoso, pero el tuyo, por lo menos, recuerda siempre tu cumpleaños.

Escribe tu carta y los consejos que te da la Tía Angustias a continuación:

_____

_____

_____

_____

_____

_____

_____

_____

chapter 8

Numerals

mecanismos

Cardinal numbers

1 *uno*	11 *once*	21 *veintiuno*	31 *treinta y uno*
2 *dos*	12 *doce*	22 *veintidós*	32 *treinta y dos*
3 *tres*	13 *trece*	23 *veintitrés*	40 *cuarenta*
4 *cuatro*	14 *catorce*	24 *veinticuatro*	45 *cuarenta y cinco*
5 *cinco*	15 *quince*	25 *veinticinco*	50 *cincuenta*
6 *seis*	16 *dieciséis*	26 *veintiséis*	60 *sesenta*
7 *siete*	17 *diecisiete*	27 *veintisiete*	70 *setenta*
8 *ocho*	18 *dieciocho*	28 *veintiocho*	80 *ochenta*
9 *nueve*	19 *diecinueve*	29 *veintinueve*	90 *noventa*
10 *diez*	20 *veinte*	30 *treinta*	100 *cien*

101 *ciento uno*	1.000 *mil*
102 *ciento dos*	2.000 *dos mil*
127 *ciento veintisiete*	5.000 *cinco mil*
198 *ciento noventa y ocho*	10.000 *diez mil*
200 *doscientos/as*	1.000.000 *un millón*
300 *trescientos/as*	2.000.000 *dos millones*
400 *cuatrocientos/as*	
500 *quinientos/as*	
600 *seiscientos/as*	
700 *setecientos/as*	
800 *ochocientos/as*	
900 *novecientos/as*	

987.654.321 novecientos ochenta y siete millones, seiscientos cincuenta y cuatro mil, trescientos veintiuno.

- *Uno,* including numbers ending with it, drops the *o* to *un* before a masculine noun, and becomes *una* before a feminine one:

  > *un peso mexicano, trescientos veintiún pesos mexicanos*
  >
  > *una peseta, cincuenta y una pesetas, trescientas veintiuna pesetas*

- From 200 upwards, the 'hundreds' have masculine and feminine forms:

  > *doscientos pesos*
  >
  > *cuatrocientas pesetas*

- *Cien* is 100 when counting, or when saying 'a hundred . . . (+ noun)':

  > *cien pesetas*
  >
  > *cien cigarrillos*

  Ciento is used when followed by a number (when you say 'a hundred and . . .'):

  > *ciento tres* = 103
  >
  > *ciento ochenta y dos* = 182

  There is no *y* after hundreds: *ciento dos.*

  The *y* comes between tens and units after 16, though it is usually written as *-i-* within the word in the teens and twenties:

  > *ciento diecisiete, doscientos veinticinco, trescientos treinta y tres, quinientos ochenta y cuatro.*

- When expressing numbers of thousands, *mil* does not change:

  > *tres mil* = 3000

  However, thousands of . . . = *miles de . . .*

- One million = *un millón de . . . ,* two million = *dos millones de . . .*

Ordinal numbers

1st	*primero*		7th	*séptimo*
2nd	*segundo*		8th	*octavo*
3rd	*tercero*		9th	*noveno*
4th	*cuarto*		10th	*décimo*
5th	*quinto*		11th	*undécimo*
6th	*sexto*		12th	*duodécimo*

- Ordinal numbers are adjectives and therefore must agree with their noun:

EJEMPLOS	*la tercera planta*	the third floor
	la reina Isabel segunda	Queen Elizabeth the Second
	las primeras flores	the first flowers

- The ordinal numbers are usually only used up to 10th (occasionally 12th). Thereafter, although in theory they exist, the cardinal number is almost invariably used, placed after the noun:

el siglo doce	the twelfth century
Alfonso décimo (but *Alfonso trece*)	Alfonso the Tenth (Thirteenth)

- *Primero* and *tercero* lose the final *o* before a masculine singular noun:

su primer empleo	his/her first job
el tercer ejercicio	the third exercise

¡ponte a punto!

1. Números

Escribe en palabras o dicta en voz alta a un(a) compañero/a los números siguientes:

24	_____	255	_____
43	_____	342	_____
78	_____	389	_____
65	_____	405	_____
92	_____	466	_____
86	_____	503	_____
51	_____	513	_____
13	_____	559	_____
101	_____	608	_____
112	_____	673	_____
148	_____	772	_____
169	_____	780	_____
187	_____	821	_____
199	_____	888	_____
202	_____	907	_____
211	_____	954	_____
1.001	_____		
1.234	_____		
1.568	_____		

numerals

1.996 _____

2.378 _____

4.296 _____

8.743 _____

9.755 _____

12.876 _____

59.483 _____

75.834 _____

83.689 _____

1.000.001 _____

4.986.523 _____

56.409.004 _____

452.694.570 _____

2. ¡Y más números!

Escribe los siguientes números en palabras:

Isabel I de Inglaterra _____

el papa Pablo VI _____

el rey Alfonso X _____

el 5º aniversario _____

su 8º cumpleaños _____

su 15º cumpleaños _____

3. ¡¡ . . . Y más!!

Escribe en palabras los números que corresponden a:

tu número de teléfono _____

la edad de tu abuelo/a _____

el año en que naciste _____

tu edad _____

el año en que estamos _____

la fecha de hoy _____

¡...y en marcha!

1. ¿Eres buen matemático?

A ver si sabes sumar, restar, multiplicar y dividir.

POR EJEMPLO: ¿Cuántos son doce más trece? Son veinticinco.

¿Cuántos son trece menos siete? Son seis.

¿Cuántos son tres multiplicado por cuatro? Son doce.

¿Cuántos son quince dividido por tres? Son cinco.

Haz preguntas similares a tus compañeros/as, inventando problemas cada vez más difíciles.

Ahora pregunta a tus compañeros/as acerca de los cuadrados, los cubos y las raíces cuadradas y cúbicas de algunos números.

POR EJEMPLO: ¿Cuál es la raíz cuadrada de 81? Es 9.

Usa el espacio en blanco para escribir tus preguntas o hacer tus cálculos.

_____

_____

_____

_____

2. ¡No eres buen matemático!

Estás trabajando de camarero/a en un restaurante español, pero tienes problemas en sumar las cuentas de los clientes. Trabaja con un(a) compañero/a, alternando el papel de camarero/a y cliente/a. Presentas una cuenta incorrecta a tu cliente/a, que, claro, protesta.

Empleen las cuentas que vienen abajo y luego inventen otras suyas si quieren.

2 × gambas[1] a la parrilla a 750	1.550
1 × solomillo a 950	950
1 × merluza[2] a 1200	1.200
2 × postre a 375	775
2 × café a 80	180
Total	4.855 pts

_____

[1]Camarones en Hispanoamérica.
[2]Una clase de pescado.

3 × menestra de verduras a 450	1.450
1 × pescado a 1150	1.150
2 × ternera a 850	1.950
3 × postre a 350	1.000
3 × café a 120	375
Total	6.000 pts

¡Inventa otras cuentas equivocadas y corrígelas!

_____

_____

_____

_____

_____

_____

3. ¿A qué distancia?

Mira un mapa del mundo. Estima a qué distancia y a cuántas horas varias ciudades están unas de otras.

POR EJEMPLO: **Caracas está a dos mil ochocientas cincuenta y tres millas de Madrid. Está a siete horas en avión. Está a cuatro días en barco.**

Escribe los nombres de las ciudades y los otros datos aquí:

_____

_____

_____

_____

_____

chapter 9

Measures and Dimensions

mecanismos

Length, width, depth, height, thickness, area, capacity

The most common way to express dimensions in Spanish is to say:

> *(El objeto) tiene 20 centímetros de largo/longitud*
> > *ancho/anchura*
> > *profundo/profundidad*
> > *alto/altura*
> > *espeso/espesura*

The object is 20 centimeters long/wide/deep/tall/thick.

You can also say:

> *un objeto largo*
> > *ancho*
> > *profundo* ⎫ *de 20 centímetros*
> > *alto*
> > *espeso*

an object 20 centimeters long/wide/deep/tall/thick

EJEMPLOS: *El cuarto tiene/mide 6 metros por 5.*
The room is/measures 6 meters by 5.

Mi hermana mide 1 metro 55 y pesa 45 kilos.
My sister measures 1.55 meters and weighs 45 kilos.

La casa tiene 200 metros cuadrados.
The house is 200 square meters.

Shapes

un cuadrado	un rectángulo	un triángulo	un círculo
un óvalo	un polígono	un pentágono	un cubo
un cilindro	un romboide		

redondo, circular	round, circular
oval	oval
cuadrado	square
rectangular	rectangular, oblong
triangular	triangular
cilíndrico	cylindrical
cúbico	cubic, cube-shaped

Measures

un milímetro un mililitro un miligramo	un centímetro un centilitro un centigramo	un decímetro un decilitro	un metro un litro un gramo	un kilómetro un kilo(gramo)

Percentages

EJEMPLO: *El/Un* 34 por ciento de los habitantes no son de origen vasco.

¡ponte a punto!

Medidas necesarias

Describe la forma y toma las medidas (exactas, de ser posible) de:

1. el cuarto en que estás _____

2. la mesa en que trabajas _____

3. una de las ventanas del cuarto _____

4. tu lápiz o bolígrafo _____

5. este libro _____

6. el cajón de una mesa o un escritorio _____

7. el material que cubre el suelo, sea alfombra u otra cosa _____

8. el reloj de la pared o tu reloj de pulsera _____

9. una moneda de 25 centavos _____

¡...y en marcha!

1. Rompecabezas líquido

Tienes tres jarros, A, B y C, cuya capacidad es respectivamente ocho, cinco y tres litros. Necesitas tener un litro exactamente, pero no tienes un cuarto jarro. Vertiendo de un jarro a otro, **sólo dos veces**, tienes que quedarte con un solo litro en uno de los tres jarros. ¿Cómo vas a hacerlo? Discute el problema con tus compañeros/as. Necesitarás la expresión:

Me/nos quedará(n) . . . (I/we will have . . . left).

	Jarro A	**Jarro B**	**Jarro C**
Capacidad:	8 litros	5 litros	3 litros
Contenido:	5	3	2

¿Necesitas hacer cálculos? ¡Hazlos aquí!

_____

_____

2. Estadísticas vitales

Con una báscula comprueba cuánto pesa en kilos cada miembro de tu clase. ¡A ver si tu profesor(a) se deja pesar! Cuando sepas el peso de cada uno en kilos, convierte éstos en libras. Para ayudarte: hay 453 gramos en una libra. Es preferible que uses tu cerebro más que una calculadora, pero cualquiera que sea tu método, ¡comenta tus cálculos en voz alta en español!

Ahora mide la altura de cada uno. ¿Cuánto mides? ¿Un metro sesenta (1,60)? ¿Más? ¿Menos? Convierte esto a pies con pulgadas. (Hay 2,54 centímetros en una pulgada y doce pulgadas en un pie.)

Si quieres, anota algunas de las medidas aquí:

_____

_____

3. La casa nueva

Trabaja con un(a) compañero/a. Estás haciendo construir una casa nueva en un terreno que has comprado en Cancún, México. Estás comentando los planes preliminares de la casa con tu arquitecto/a. Dibujan primero el terreno mismo, y deciden dónde precisamente van a construir la casa. Luego dibujan la casa, con todas las dimensiones exteriores e interiores. ¡No se olviden de la altura y la forma que van a tomar la casa y las habitaciones! ¿Cómo quieres que sea?

measures and dimensions

Anota tus ideas a continuación:

_____

_____

_____

_____

4. Exportaciones

a) Estás trabajando en una empresa que exporta sus productos a España. Primero tienes que describir a un(a) compañero/a (el jefe/la jefa de compra de una empresa española) unos productos de la empresa, por ejemplo: minicalculadoras, relojes digitales, ordenadores, destornilladores, raquetas de tenis. Detalla sus dimensiones, material, colores posibles, uso y precio.

Puede que tu profesor(a) te dé más objetos a vender.

b) Más tarde estás al teléfono, hablando con la empresa en España, comprobando los precios en moneda estadounidense y española. Primero comprueba en un periódico el tipo de cambio de pesetas a dólares estadounidenses.

POR EJEMPLO: **Si un dólar vale 137 pts, $55 (cincuenta y cinco) son 7.535 (siete mil quinientas treinta y cinco pesetas).**

| $14,08 | $19,50 | $199 | $45,98 | $3108 | $509 | $67,90 |

Escribe las soluciones en los espacios en blanco.

_____

_____

_____

_____

_____

c) Luego convierte los precios a pesos mexicanos (digamos que un dólar vale 3 pesos), puesto que tu compañía está aumentando sus exportaciones a México.

_____

_____

_____

_____

_____

chapter 10

Pronouns

mecanismos

Pronouns are words which replace nouns; there are several types of pronouns, corresponding to the different functions these words can have.

Subject pronouns

First and foremost are subject pronouns, used to denote who or what carries out an action, i.e., the subject of the verb.

I	*yo*		we	*nosotros/as*
you (familiar singular)	*tú**		you (familiar plural)	*vosotros/as**
he, it	*él*		they	*ellos/ellas*
she, it	*ella*			
you (formal singular)	*usted*		you (formal plural)	*ustedes*

*The familiar forms *tú* and *vosotros* are increasingly widely used in Spain, and the formal forms are generally only used now in addressing strangers older than yourself. In Latin America *tú* is widely used, while *vosotros* is not. In certain countries (Argentina, Uruguay, Paraguay, and in others on a regional basis) the form *vos* is used as a substitute for *tú*. Neither *vos* nor *vosotros* forms are used in this book.

In Spanish, subject pronouns are usually unnecessary in verb constructions because there are different endings for each person, and these are clearly distinguishable in both spoken and written Spanish. The subject pronouns listed below are, however, used where emphasis is required or to avoid ambiguity. They can also be used standing alone—for example, in answer to the question *¿Quién . . . ?*

EJEMPLOS: *Yo voy al parque, tú vas al instituto y ellos van al trabajo.*
     I'm going to the park, you are going to school, and they are going to work.

     La rompió él.
     He broke it/*He* was the one who broke it.

     Alguien llama a la puerta. Voy a ver quién es. ¿Tú?
     Someone's knocking at the door. I'll go and see who it is. You?

¿Quién comió mi helado? —*Yo.*
Who ate my ice-cream?—*I* did.

Yo voy a la cafetería, ¿y tú? —*¡Yo no!*
I'm going to the cafeteria. What about you?—I'm not!

In the last two examples the sense of the verb is understood, and the *yo* is therefore used on its own.

Direct object pronouns

There are two types of object pronouns—direct and indirect—though many people use the same form for both. These are the direct object pronouns:

me	*me*	us	*nos*
you (familiar singular)	*te*	you (familiar plural)	*os*
him, it	*lo*[1]	them	*los/las*
her, it	*la*		
you (formal singular)	*lo/la*	you (formal plural)	*los/las*

These pronouns are used when the person is the object of the verb; usually they come immediately before the verb, but they can be added to the end of an infinitive or present participle/gerund (optional), and to the end of a positive command (compulsory):

EJEMPLOS: *Mi amigo me vio en el parque.*   My friend saw me in the park.

Tu madre te llama desde el jardín.   Your mother is calling you from the garden.

¡Cómelo todo!   Eat it all!

¡Levántelas!   Lift them up!

¡Mírame!   Look at me!

Note that the accents are added to keep the stress on the same syllable.

¡Voy a castigarlos!/¡Los voy a castigar!   I am going to punish you!

Estoy mirándolas/Las estoy mirando.   I am looking at them.

These pronouns cannot go in the middle of a compound verb construction.

---

[1]Note: While many people use *le* for him in some parts of Spain, in Latin America *lo* is used for him instead. This use of *le* as a direct object pronoun—called *leísmo*—should be avoided.

Indirect object pronouns

These are used to denote 'to me/us/him/them,' etc., i.e., the person on the receiving end of the action, but not the actual 'victim.'

to me	*me*	to us	*nos*
to you (familiar singular)	*te*	to you (familiar plural)	*os*
to him, to her, to it	*le*	to them	*les*
to you (formal singular)	*le*	to you (formal plural)	*les*

• The rules for positioning these indirect object pronouns are the same as for the direct object pronouns.

EJEMPLOS: *Tu hermano le dio un caramelo.*
Your brother gave him a piece of candy.

Les doy el periódico.
I give them the newspaper.

Nos mandaron una postal desde Quito.
They sent us a postcard from Quito.

Vamos a ofrecerles dinero/Les vamos a ofrecer dinero.
We are going to offer them some money.

¡Dénos las joyas!
Give us the jewelry!

¡Denles un donativo!
Give them a donation!

¡Dígame!
Speak to me/Tell me!

• When two object pronouns are used together, the indirect object pronoun comes first.

EJEMPLOS: *Te los daré esta tarde.*   I will give them to you this afternoon.

Nos lo robaron en la calle.   They stole it from us in the street.

Note: If both are third person, the indirect pronoun changes to *se* to avoid two pronouns beginning with *l-* being used together: *se lo doy.*

EJEMPLOS: *Se lo mandó con la carta.*   He sent it to her with the letter.

No se las voy a ofrecer.   I won't offer them to him/her/you.

• If there is any risk of confusion where *le* or *les* could refer to more than one of the persons used in the sentence, add *a él, a ella, a Ud., a ellos/ellas, a Uds.*:

EJEMPLOS: *Le dio el dinero a ella.*
He gave the money to her.

Les mandé el paquete a ellos.
I sent the package to them.

Les hablaré a ustedes de los problemas de sus hijos.
I will talk to you about your children's problems.

- Spanish commonly uses *le(s)* in front of the verb even when there is a clear indirect object after it.

EJEMPLO: *Le di un regalo a mi amiga.*   I gave a present to my girlfriend.

Similarly, Spanish also often uses a pronoun when none would be needed in English.

EJEMPLOS: *¡Ya lo sé!*
I (already) know!

Me dicen que es inteligente, pero ¡no lo es!
They say he is intelligent, but he isn't!

Reflexive pronouns

Reflexive pronouns are used with reflexive verbs, conveying the idea of 'self.' For their use and other relevant aspects, see Chapter 14 on reflexive verbs. You will notice from the list below that most are the same as object pronouns (*se* being the only exception).

myself	*me*	ourselves	*nos*
yourself (familiar singular)	*te*	yourselves (familiar plural)	*os*
himself/herself/itself	*se*	themselves	*se*
yourself (formal singular)	*se*	yourselves (formal plural)	*se*

Prepositional pronouns

These pronouns (sometimes called disjunctive pronouns) are used after prepositions such as *con, para, cerca de*:

EJEMPLOS: *Se sentó delante de mí.*   He sat down in front of me.

Vive cerca de nosotros.   He lives near us.

Irá al cine con ellas.   He will go to the movies with them.

Esta carta es para ti.   This letter is for you.

For most persons the subject pronoun is used; however, *yo* and *tú* have special forms—*mí* and *ti* respectively. The form *sí* exists for all third person cases (*él, ella, usted, ellos, ellas, ustedes*), but is only used when the pronoun refers back to the person who is the subject of the verb; otherwise the subject pronoun is used as explained above.

me	*mí*	us	*nosotros*
you (fam. sing.)	*ti*	you (fam. plur.)	*vosotros*
him	*él*	them (masc.)	*ellos*
her	*ella*	them (fem.)	*ellas*
(reflexive form)	*sí*	(reflexive form)	*sí*
you (formal sing.)	*usted*	you (formal plur.)	*ustedes*

EJEMPLOS: *Este paquete es para ella.*
              This package is for her.

              María tenía el paquete delante de sí.
              María had the package in front of her.

              Compré este billete para usted.
              I bought this ticket for you.

              Ustedes tendrán que comprarlos para sí mismos.
              You will have to buy them for yourselves.

A common form of *mí* and *ti* is used in combination with the preposition *con*: *conmigo* and *contigo*.

EJEMPLOS: *¿Quieres ir conmigo?*
              Do you want to go with me?

              Tienes que llevar el pasaporte contigo.
              You have to take your passport with you.

Less common and only used in a truly reflexive situation is *consigo*.

              Ustedes sabrán que es mejor llevar las cosas de valor consigo.
              You will know that it is best to take your valuables with you.

              Virginia llevó a su hijo consigo.
              Virginia took her son with her.

But:

              Voy con ella.
              I'm going with her (i.e., somebody else).

Table of pronouns

		Subject	Direct object	Indirect object	Reflexive	Prepositional
I		*yo*	*me*	*me*	*me*	*mí*
you		*tú*	*te*	*te*	*te*	*ti*
he		*él*	*lo*	*le*	*se*	*él* (refl. *sí*)
she		*ella*	*la*	*le*	*se*	*ella* (refl. *sí*)
it			*lo*	*le*	*se*	*ello* (neuter)
you		*usted*	*lo/la*	*le*	*se*	*usted* (refl. *sí*)
we		*nosotros/as*	*nos*	*nos*	*nos*	*nosotros/as*
you		*vosotros/as*	*os*	*os*	*os*	*vosotros/as*
they		*ellos*	*los*	*les*	*se*	*ellos* (refl. *sí*)
they		*ellas*	*las*	*les*	*se*	*ellas* (refl. *sí*)
you		*ustedes*	*los/las*	*les*	*se*	*ustedes* (refl. *sí*)

¡ponte a punto!

1. ¡Frases rellenas!

Rellena los espacios en blanco con el pronombre más apropiado para cada caso.

1. _____ y _____, vamos a bailar juntos, ¿no?

2. No, no podemos _____ quedar más tiempo; tendrás que quedar

   _____.

3. ¿Quiénes van a lavar los platos? Pues los van a lavar _____.

4. Oye, ¿_____ vas a prestar tu carro?

5. Fui a comprar unos libros, y _____ llevé a casa de mis abuelos.

6. Manuel y Juan, _____ quiero ver en mi despacho a las tres.

7. _____ vamos a mandar una carta a nuestros amigos.

8. Quiero ofrecer _____ un regalo para tu cumpleaños.

9. Ayer _____ presté mi disco favorito a mi hermana.

10. Pepe _____ lavó en el cuarto de baño.

11. Concha, ¿_____ vas a levantar hoy, o no?

12. Vamos a bañar _____ en la piscina.

13. Mi novia se sentó al lado de _____.

14. Señores, ¿puedo viajar con _____?

15. Cuando volvimos a casa, mi padre llegó cinco minutos después de _____.

2. Los anónimos

Vuelve a escribir este cuento, reemplazando todos los nombres con los pronombres más apropiados.

El jueves pasado fueron las bodas de plata de Ángela y Nicolás. **Nicolás** (1) _____ le regaló **a Ángela** (2) _____ un anillo de plata, y **Ángela** (3) _____ le dio un reloj **a Nicolás** (4) _____. Sus hijos, Marián y Miguel, les regalaron **a Ángela y a Nicolás** (5) _____ dos copas plateadas.

Por la mañana Nicolás le llevó el desayuno **a Ángela** (6) _____ a la cama. Se levantaron, y Marián y **Ángela** (7) _____ fueron a comprar un vestido nuevo para Ángela. Mientras tanto, **Nicolás y Miguel** (8) _____ dieron un paseo en el parque. Por la tarde, **Ángela y Nicolás** (9) _____ fueron a visitar a los padres **de Ángela**

(10) _____, don Rodrigo y doña Blanca. Don Rodrigo les sirvió algo de beber,

y **Nicolás** (11) _____ ayudó a su madre a preparar la cena.

Después de la cena, todos—**Nicolás, Ángela, don Rodrigo y doña Blanca**—

(12) _____ fueron a su café favorito para celebrar el aniversario.

3. El ligón

Rellena los espacios en blanco con el pronombre más apropiado.

El sábado pasado, salí con dos chicas a la vez. ¡A que no me crees!

Pues primero fui a buscar a Maribel, y (1) _____ llevé a la discoteca. Allí

(2) _____ reunimos con Juanita y José; (3) _____ di cuenta

de que tenía una cita con Ángela, entonces sin decir (4) _____ nada,

(5) _____ dejé con (6) _____ y fui al Café Azteca. Allí

encontré a Ángela y tomamos un café. Luego fuimos al parque, donde vimos a mis amigos del cole.

(7) _____ dejé con (8) _____ y volví a la discoteca a buscar a

Maribel, a Juanita y a José. (9) _____ encontré en la puerta: salían para ir a dar un

paseo en el parque. ¡Madre mía, qué lío! Afortunadamente, aunque allí (10) _____

reunimos todos con Ángela y con mis amigos, ni Ángela ni Maribel (11) _____

dieron cuenta de lo que pasaba. Pero (12) _____ gustó mucho Juanita, y al final,

¡(13) _____ fui con (14) _____!

¡...y en marcha!

1. Los santos

Estás de vacaciones con tu familia y dos amigos. Después de un día en la playa, tus padres vuelven
a su apartamento alquilado. Tú, tus hermanos y sus amigos han hecho varios quehaceres para ayudarlos,
¡y se quedan bastante sorprendidos! Imagina sus preguntas . . . y las respuestas de ustedes.

POR EJEMPLO: —¿Quién lavó los platos?—Los lavé yo.

—¿Y quién cortó el césped, tu hermana o tú?—Lo cortó ella.

Escribe algunos quehaceres a continuación:

_____

_____

_____

2. Los demonios

Esta vez, lo que encuentran tus padres en el apartamento no es bueno: ¡todo está roto, arruinado, estropeado! Imagina lo que se dice.

POR EJEMPLO: ¿Qué ha pasado con los vasos? Los rompieron mis amigos.

¿Y la mesa del comedor?

Anota algunas catástrofes aquí:

_____

_____

_____

_____

3. El sospechoso/La sospechosa

Ha habido un robo. Tu compañero/a de clase es policía, y sospecha que eres el ladrón. Registrando tu casa, encuentra varios objetos robados. Te acusa de haberlos robado, y tú tienes que negarlo todo.

POR EJEMPLO: Policía: Robaste esta pulsera de oro, ¿no?

Tú: ¡Qué va! No la he visto en mi vida.

Policía: ¿De dónde obtuviste este anillo de diamantes? ¿Lo robaste?

Tú: Pues no, lo compré en la Calle de Goya.

Haz algunas anotaciones antes de presentar el diálogo.

_____

_____

_____

_____

4. ¡Qué generoso/a!

Tu madre te pregunta sobre los regalos que vas a comprar para toda la familia, ya que pronto llega Navidad. Tú le contestas.

POR EJEMPLO: Madre: ¿Qué le vas a regalar a tu hermana?

Tú: Le voy a dar un collar.

Madre: Y ¿a tu hermano/abuelo/a?

Haz tu lista de regalos aquí:

_____

_____

_____

_____

5. El ciego

Para este juego, un(a) voluntario/a tiene que salir del aula, y volver con los ojos vendados. Mientras tanto, los demás han cambiado de sitio. Al volver a entrar, 'el ciego' tiene que adivinar dónde están todos, contestando a sus preguntas sin usar los nombres.

POR EJEMPLO:

Chico/a:	**¿Dónde está Penny?**
Ciego/a:	**Está al lado de ti.**
Chico/a:	**Y, ¿dónde está Pete?**
Ciego/a:	**Está detrás de ella.**

6. ¡Inventa tú!

¡Inventa unos ejercicios comunicativos parecidos a los que ya has hecho. Trata de inventar uno para cada tipo de pronombres. Para cada uno, escribe un cuento de unas diez frases, tratando de usar un pronombre distinto en cada una. Luego puedes ofrecer el mismo ejercicio a tus compañeros de clase. Esto se puede hacer por hablado o por escrito.

POR EJEMPLO:

A. El líder de una expedición científica usa el pronombre del sustantivo para darles órdenes a los miembros de la expedición, un día por la mañana cuando se preparan para empezar su viaje:

—**Tú vas a preparar el desayuno.**

—**Él irá a buscar agua.**

—**Ella va a ayudarlos.**

B. Usen el pronombre reflexivo para hablar de la moda:

—**Me visto muy bien, pero tú te vistes mal. Ella . . .**

Escribe tus ideas a continuación:

_____

_____

_____

_____

_____

chapter 11

Infinitives

mecanismos

In Spanish, infinitives are very helpful when you are getting to know how to handle and manipulate verbs. Each regular verb belongs to one of three families, with its own 'last name'—ending in *-ar, -er,* or *-ir.*

The infinitive form is the one you will find in a dictionary or vocabulary list, so that even with an unfamiliar verb, you can work out its forms according to the family it belongs to.

Regular verbs in each family behave in the same way and share family characteristics. Once you know how a model verb in each of these families behaves, you can work out the forms for other regular members of the same family. Every part of a verb in every tense is based on the infinitive.

In most tenses, the stem, root, or basic part to which you add the tense endings can be found by removing the *-ar, -er,* or *-ir* ending from the infinitive. In the future and conditional tenses, most verbs use the whole of the infinitive as their stem. When working out the verb form of an unfamiliar verb, it is always safest to work through the infinitive.

If you know the infinitive, you will know the verb!

There are, of course, irregular verbs, or verbs which are partially irregular, but even they follow many of the same patterns as regular verb families.

Uses of the infinitive
• Infinitives are often used in Spanish where English would use a verb form ending in '-ing'; this is a sort of noun form of the verb.

EJEMPLOS: *Me gusta bailar.*   I like dancing/to dance.

Ver es creer.   Seeing is believing.

• Infinitives are often used after an adjective as in the following examples:

Es muy difícil ir allí sin carro.   It is very difficult to get there without a car.

Es mejor no saber nada.   It is best knowing/to know nothing.

Note the difference in use, emphasis, and meaning between the following two examples:

El inglés es difícil de comprender.   English is difficult to understand.

Es difícil comprender el inglés.   It is difficult to understand English.

Here, the infinitive is the subject of the verb, i.e., 'to understand English is difficult.'

- They are also used after (modal) auxiliary verbs which in English would be followed by '. . .-ing' or the infinitive form with or without 'to,' as in the following examples:

EJEMPLOS: *Mis amigos no saben nadar.*
          My friends don't know how to swim.

          No puede comprar nada sin dinero.
          He can't buy anything without money.

          Olvidé traer mi pasaporte.
          I forgot to bring my passport.

          Querían hablar con su amiga.
          They wanted to talk to their friend.

          Empezó a trabajar.
          He began to work.

          Dejaré de estudiar después de los exámenes.
          I will stop studying after the exams.

          Tengo que irme en seguida.
          I have to go right away.

Some of these constructions need *a,* some *de,* and others nothing between the auxiliary verb and the infinitive. A couple take *que.* (See Chapter 25.)

- The infinitive is used in two expressions which, in a way, have the force of separate verb tenses:
  a) *ir a* + infinitive is used to convey the sense of the immediate future.
  b) *acabar de* + infinitive is used for the immediate past—for something which has **just** happened.

EJEMPLOS: *Van a tomar algo.*   They are going to have something to drink.

          Voy a hablar con mi madre.   I am going to speak to my mother.

          Acabo de oírlo.   I have just heard it.

          Acabamos de llegar.   We have just arrived.

- Infinitives are also commonly used after prepositions, especially those referring to time. In fact, the infinitive is the only part of the verb that can be used after a preposition.

EJEMPLOS: *Antes de irme, me despediré.*
          Before going, I will say goodbye.

          Después de llegar, fue a ver al director.
          After arriving, he went to see the principal.

Lo hice sin querer.
I did it without meaning to.

Te llamo para decirte algo.
I'm calling you to tell you something.

Note also the use of *al* + infinitive:

Al abrir la puerta, vio a su hermana.   On opening/When he opened the door, he saw his sister.

(See Chapter 25 on prepositions and the infinitive.)

• They are also often used to express warnings and instructions, notably in recipes.

EJEMPLOS: *No fumar.*
Do not smoke/No smoking.

Abrir con cuidado.
Open with care.

Cortar los tomates en trozos pequeños.
Cut the tomatoes into small pieces.

• The infinitive is used in certain other expressions:
a or *de* + infinitive is used to express the idea of 'if':

De saberlo, no me hubiera ido.   If I had known, I would not have gone.

The infinitive is used after *que* in various expressions such as the following:

No tenemos nada que ver con eso.   We haven't anything to do with that.

Me queda mucho que hacer.   I have a lot still to do.

After verbs of needing, requesting, or searching, use *para*:

Buscamos algo para comer.   We are looking for something to eat.

Necesita algo para beber.   He needs something to drink.

Pidieron algo para leer.   They asked for something to read.

• There are some expressions in which the infinitive is not used when you might expect it. Two examples are *seguir* and *continuar*.

EJEMPLOS: *Siguieron cantando.*   They went on/continued singing.

Continuó hablando.   He went on/continued speaking.

¡ponte a punto!

1. Explicaciones

Tu amigo quiere saber por qué haces o no haces varias cosas. Usa una de las siguientes expresiones para explicárselo: *me gusta/me encanta/prefiero/quiero/me interesa/me apetece/puedo/sé/pienso/necesito/deseo/espero* o cualquier otra expresión apropiada.

POR EJEMPLO: —¿Por qué pasas tanto tiempo jugando al fútbol?
—Porque me gusta jugar al fútbol.

1. ¿Por qué vas al cine todos los días?

_____

2. ¿Vas a la cafetería?

_____

3. ¿Vas a ver la televisión?

_____

4. ¿Por qué gastas tanto dinero en comprar discos?

_____

5. ¿Conque compras otro vestido nuevo?

_____

6. ¿Estás estudiando todavía?

_____

7. ¿Por qué tienes tantos libros de medicina?

_____

8. ¿Vas a comer todas esas manzanas?

_____

9. ¿Por qué vas a la discoteca?

_____

10. Compraste un billete para el teatro—¿por qué?

_____

11. ¿Por qué vas a ayudar a tu abuela con sus quehaceres?

_____

12. ¿Cómo es que puedes llevar a tu hermano al cole en el carro de tus padres? (saber . . .)

_____

13. ¿No vas al concierto?

_____

14. ¿No quieres escuchar mi nuevo disco?

_____

15. ¿No lees este libro?

_____

16. ¿No vas a hacer tus deberes?

_____

17. ¿Quieres ir al parque conmigo?

_____

18. ¿Por qué llevas tanto dinero?

_____

19. No quieres ser profesor(a), ¿verdad?

_____

2. El nuevo trabajo

Empiezas un nuevo trabajo. Tu jefe te da una serie de instrucciones: tienes que hacer varias cosas durante tu primer día en este restaurante. Apuntas todo lo que tienes que hacer, empleando el infinitivo.

POR EJEMPLO: **Limpia la cocina—Limpiar la cocina**

1. Lava la lechuga. _____

2. Prepara las legumbres. _____

3. Pon las mesas. _____

4. Fríe la carne. _____

5. Haz la sangría. _____

6. Ponte el uniforme. _____

7. Sirve las comidas. _____

8. Lava los platos. _____

9. Barre el suelo del restaurante. _____

10. Escribe los menús para mañana. _____

3. Tu amigo, Tomás

Un amigo tuyo no se fía de ti: tienes que asegurarle de todo lo que vas a hacer.

POR EJEMPLO: **—Mañana, jugarás al fútbol, ¿verdad?**
              —Sí, voy a jugar.

1. Esta tarde, irás al cine, ¿no? _____

2. Oye, ¿me vas a llevar a la discoteca? _____

3. ¿Me prometes que me ayudarás con los deberes? _____

4. Me contarás lo que pasó, ¿verdad? _____

5. ¿De verdad me vas a dejar tu bicicleta? _____

4. Entrevista con el psiquiatra

El psiquiatra quiere analizar tus problemas, pues necesita saber algo de tus costumbres, y tú contestas a sus preguntas.

POR EJEMPLO: —¿Por qué hablas solo?
                —Porque no me gusta hablar con los demás.

1. ¿Por qué comes demasiado? _____

2. ¿Por qué te comes las uñas? _____

3. ¿Por qué vistes siempre colores fuertes? _____

4. ¿Por qué no olvidas tus problemas? _____

5. ¿Por qué no vas a ver a otro psiquiatra? _____

¡...y en marcha!

1. El futuro

Hablan del futuro, y cada miembro de la clase explica algo de sus ambiciones, empleando expresiones tales como:

POR EJEMPLO: Quisiera trabajar en el mercado.

                Me gustaría ser mecánico.

                Pienso buscar un puesto como psicólogo en un hospital.

Haz un pequeño resumen de lo que dicen los demás.

_____

_____

_____

2. Consejos para una futura universitaria

Escribe una serie de recomendaciones para un(a) amigo/a que pronto va a ir a la universidad. Tiene que estudiar mucho, pero a la vez tiene que distraerse y divertirse para llevar una vida equilibrada. Al mismo tiempo, va a vivir solo/a por primera vez.

infinitives

POR EJEMPLO: Debes leer muchos libros.

Deberías seguir jugando al golf.

Tendrás que lavar tus propias camisas.

Anota algunos consejos aquí:

_____

_____

_____

3. ¿Cómo se hace?

Se puede expresar el método de hacer algo mediante el uso del infinitivo. Cada miembro de la clase tiene que explicar un procedimiento, por sencillo que sea, y el resto de la clase tiene que adivinar qué es.

POR EJEMPLO: **Echar el contenido del paquete en un plato. Echar un poco de azúcar encima. Añadir leche. Comer inmediatamente.**

Solución: Desayunas copitos de maíz, y los comes rápidamente para que estén crujientes.

Después pueden hacer algo parecido usando *Hay que . . . , Es necesario . . . , Tienes que . . . , Se debe . . . , Se tiene que . . .* u otras expresiones parecidas.

POR EJEMPLO: **Hay que echar un poco del contenido del tubo en el cepillo, hay que abrir la boca y frotar bien los dientes con el cepillo.**

Solución: Te limpias los dientes.

Escribe algunas ideas a continuación:

_____

_____

_____

4. ¡Peligro!

Del mismo modo que en el ejercicio 3, pueden inventar una serie de avisos y amonestaciones en español, usando el infinitivo en forma positiva y negativa. Si no se les ocurren cosas sensatas y normales, pueden inventar cosas más bien absurdas y ridículas. Otra vez, además de utilizar sólo el infinitivo, se pueden usar expresiones como las que se mencionan en el ejercicio 3, a veces en forma negativa.

POR EJEMPLO: **Cruzar la calle con los ojos cerrados es muy peligroso.**

No echar salsa de tomate en una taza de té.

¡No se debe dar la comida del perro al canario si no quieres que te muerda!

Anota tus sugerencias aquí:

_____

_____

_____

_____

_____

_____

_____

chapter 12

Present Tense

mecanismos

The present tense in Spanish is used to convey the idea of an action taking place at the present time and can be translated into English in two ways, 'he eats' and 'he is eating.' Conversely, both of these can be rendered by the present tense in Spanish:

a) to describe what is going on at the moment:

EJEMPLO: *Javier habla con sus amigos en inglés.*
Javier is talking to his friends in English *or* Javier talks to his friends in English.

   (i.e., a general statement valid in the past and the future as well as at present . . .)

b) to describe what happens regularly or repeatedly, or something which is true or valid at the moment: a general statement of a verb covering 'now,' but not limited to 'now':

EJEMPLO: *Julián habla español, francés e inglés.*
Julián speaks Spanish, French, and English.

In addition, the present tense can be used for the following:

c) to denote an action in the immediate future, as in English:

EJEMPLO: *Mamá llega en el tren de las 14.00 horas.*
Mom arrives on the two o'clock train.

d) to describe actions in the past in a dramatic way, to give added immediacy; this is known as the historic present:

EJEMPLO: *Voy a casa de mi amigo, y le digo que no salgo con él.*
I go (went) to my friend's house and tell (told) him that I am (was) not going out with him.

e) to indicate how long you have been doing something, where English uses a past tense; note that this can only be used if the action is still going on at the time of speaking. (See also Chapter 41.)

EJEMPLO: *Espera desde hace diez minutos/Hace diez minutos que espera.*
            He has been waiting for ten minutes (and is still waiting).

The same idea can also be expressed by using the structure *llevar* + gerund in the present tense:

  Llevo dos horas trabajando.   I have been working for two hours.

The present tense of regular verbs is formed as follows:

hablar	comer	subir
hablo	*como*	*subo*
hablas	*comes*	*subes*
habla	*come*	*sube*
hablamos	*comemos*	*subimos*
habláis	*coméis*	*subís*
hablan	*comen*	*suben*

The obvious patterns are easy to observe:
—the similarities in the endings for each person of the verb
—the dominant *a* in the endings for the *-ar* verb,
—the dominant *e* in those for *-er* and *ir* verbs.

In each case, the basic part of the word—the stem or root—consists of the infinitive but with the *-ar*, *-er*, or *-ir* removed. The various forms are then made by adding a special ending to that basic part; each is distinct from the others in both spoken and written form. You will see that the *nosotros* and *vosotros* forms always have the vowel of the infinitive ending.

Note that these forms can all stand alone: there is no need for a subject pronoun because the endings are so clear. The subject pronoun is only used where clarity or emphasis is needed. (See Chapter 10 on pronouns.)

• Spanish has a number of verbs in which spelling changes occur in some forms, but which are otherwise mostly regular:
  a) Two verbs (*dar* and *estar*) have a first-person singular in the present tense ending in *-oy* (like *soy* from the verb *ser*), but are otherwise regular:

      dar: doy, das, da, damos, dais, dan

      estar: estoy, estás, está, estamos, estáis, están (Note the accent)

present tense

b) A number of verbs have a *-g-* in the first person singular, but are otherwise regular within their verb group:

> *caer: caigo, caes . . .*
>
> *hacer: hago, haces . . .*
>
> *poner: pongo, pones . . .*
>
> *salir: salgo, sales . . .*
>
> *traer: traigo, traes . . .*
>
> *valer: valgo, vales . . .*

c) A few have this change and are also radical-changing (see Chapter 13):

> *decir: digo, dices, dice, decimos, decís, dicen*
>
> *oír: oigo, oyes, oye, oímos, oís, oyen*
>
> *tener: tengo, tienes, tiene, tenemos, tenéis, tienen*
>
> *venir: vengo, vienes, viene, venimos, venís, vienen*

d) A group of verbs ending in *-ecer, -ocer, -ucir* have a change to *-zc-* in the first person singular of the present tense and forms based on it, but are otherwise regular:

> *conocer: conozco, conoces . . .*
>
> *parecer: parezco, pareces . . .*

Note also *saber* and *ver* which have an irregular first person but are otherwise regular:

> *saber: sé, sabes, sabe . . .*
>
> *ver: veo, ves, ve . . .*

e) Verbs with infinitives ending in '*-uir*' take a '*y*' in all of the singular forms and in the third person plural:

> *huir: huyo, huyes, huye, huimos, huís, huyen*

f) Certain verbs need an accent on a weak *-i-* or *-u-* of the stem in all of the singular and the third person plural forms:

> *criar: crío, crías, cría, criamos, criáis, crían*
>
> *continuar: continúo, continúas, continúa, continuamos, continuáis, continúan*

g) The following verbs are totally irregular:

> *ir: voy, vas, va, vamos, vais, van*
>
> *ser: soy, eres, es, somos, sois, son*
>
> *haber: he, has, ha,* hemos, habéis, han*
>
> [*hay when it means 'there is/are']

¡ponte a punto!

1. Pavo relleno

Rellena los espacios en las frases siguientes, poniendo la forma correcta del verbo cuyo infinitivo viene en paréntesis:

¡Ya (*estar*) _____ en agosto, y ya (*estar*) _____ de vacaciones! En

este momento, mi padre (*mirar*) _____ los mapas y (*preparar*) _____

la ruta. Mi madre (*buscar*) _____ sus gafas de sol. Mis hermanos y yo

(*sacar*) _____ la ropa que (*querer*) _____ llevar con nosotros. Hoy

(*tener*) _____ que ir a las tiendas a comprar trajes de baño. En efecto,

(*ir*) _____ a pasar dos semanas en Cape Cod, en el estado de Massachusetts.

Cerca de allí (*encontrarse*) _____ muchas playas bonitas y pueblos interesantes. Nos

(*decir*) _____ que hace bastante buen tiempo allí, aunque a veces

(*llover*) _____ . Si (*hacer*) _____ mal tiempo,

(*poder*) _____ ir a Boston y visitar un museo. ¡Por lo menos en Massachusetts no

(*necesitar*) _____ hablar idiomas extranjeros!

2. Caja de sorpresas

Rellena los espacios en este artículo con la forma correcta de un verbo escogido de la lista que se ofrece más abajo. ¡Cuidado, porque tienes que usar algunos más de una vez, y de todas formas, sobran verbos!

La región del sur de España se (1) _____ Andalucía. Esta zona

(2) _____ varias provincias, entre ellas Málaga, Sevilla y Córdoba. La ciudad más

grande de la región (3) _____ Sevilla, pero Córdoba, Málaga y Granada también

(4) _____ importantes. Aparte de éstas, (5) _____ también muchos

pueblos más pequeños. En esta región se (6) _____ muchos productos agrícolas, sobre

todo uvas y aceitunas. También se (7) _____ toros de lidia, siendo ésta una región

que se (8) _____ por sus corridas de toros.

Sin embargo, la actividad económica más importante de la región (9) _____ el

turismo: con sus monumentos históricos, sus paisajes preciosos y sus muchas playas bonitas por el

Mediterráneo, (10) _____ a muchos turistas. El clima (11) _____

ideal; (12) _____ sol durante casi todo el año y (13) _____ muy poco. Si uno visita Granada, por ejemplo, (14) _____ esquiar en la Sierra Nevada por

la mañana y, por la tarde, bajar a la Costa del Sol donde las playas lo (15) _____ a

nadar. Y si no (16) _____ ni esquiar ni nadar, el turista (17) _____

recorrer la famosísima Alhambra y los jardines del Generalife.

atraer	decidir	poder
conocer	haber	querer
contener	hacer	ser
criar	invitar	venir
cultivar	llamar	ver
deber	llover	visitar

¡...y en marcha!

1. Ahora mismo

Describe lo que haces tú y lo que hacen tus amigos y familiares. Tus compañeros de clase pueden hacer preguntas, si quieren.

POR EJEMPLO: A   ¿Qué haces en este momento?

                        B   ¡Hablo español, claro!

                        C   Y, ¿qué hace el profesor ahora?

                        B   Pues, trabaja.

Después puedes escribir unas 100 palabras para resumirlo todo.

Escribe tu resumen a continuación:

_____

_____

_____

_____

_____

_____

2. En general

Esta vez hablan de cosas más generales, o sea de la vida en general.

POR EJEMPLO: A   Oye, ¿qué hace tu tío para ganarse la vida?

                 B   Es cocinero en este colegio.

                 C   ¿Y tu hermana?

                 B   Trabaja de dependienta en una droguería.

Otra vez, puedes escribir un resumen de lo que dices y oyes.

Aprovecha el espacio en blanco para escribir tu resumen.

_____

_____

_____

_____

3. Esta tarde

¿Van a salir esta tarde? Usando el presente para expresar actividades en el futuro, hablen de lo que piensan hacer esta tarde.

POR EJEMPLO: A   Esta tarde vamos al café después de las clases, ¿no?

                 B   Sí, y luego cenamos en casa de Brian, ¿vale?

Escribe algunos de tus planes aquí:

_____

_____

_____

_____

4. Los artistas

¿Saben dibujar? Si no saben, pueden hacer dibujos como los que hacen los niños. Tú tienes que dibujar una escena, como por ejemplo, el gimnasio del colegio. Luego se la describes a tu colega, que sin mirar tu dibujo tiene que dibujarlo según lo que vayas describiendo. Después, ¡comparen los dos dibujos!

POR EJEMPLO: A la izquierda, unas chicas juegan al voleiból mientras dos chicos charlan
                en el rincón . . .

Escribe tus ideas aquí:

_____

_____

_____

present tense

5. El artículo

Tienes que escribir un artículo para un periódico mexicano, en el cual hay que describir no sólo tu pueblo, sino también las actividades que se puedan observar en la calle principal en un día típico.

Anota tus ideas aquí, ya que vas a escribir el artículo en una hoja de papel aparte.

_____

_____

_____

_____

_____

_____

chapter 13

Radical-Changing Verbs

mecanismos

Radical-changing verbs (sometimes known as root-changing or stem-changing verbs) feature a spelling change in the stem or root of the verb.

The stem or root of these verbs contains a vowel—*o, u,* or *e*—which changes according to whether or not it bears the stress; you can see the pattern of changes in the model verbs given below.

Type 1			*Type 2*		*Type 3*
o→ue	u→ue	e→ie	e→ie	o→ue	e→i
volver	**jugar**	**pensar**	**preferir**	**dormir**	**pedir**
vuelvo	juego	pienso	prefiero	duermo	pido
vuelves	juegas	piensas	prefieres	duermes	pides
vuelve	juega	piensa	prefiere	duerme	pide
volvemos	jugamos	pensamos	preferimos	dormimos	pedimos
volvéis	jugáis	pensáis	preferís	dormís	pedís
vuelven	juegan	piensan	prefieren	duermen	piden

You will see that there are three different types grouped according to their behavior: Type 1 has a consistent change pattern of *o* to *ue, u* to *ue,* or *e* to *ie.* Type 2 is similar—*e* to *ie* or *o* to *ue,* but has added changes in the gerund and in the third person singular and plural forms of the preterite. Type 3 has a different type of change—*e* to *i* in the present tense, gerund, and third person singular and plural forms of the preterite.

- Because of the structure of the present tense, the change occurs only in the first, second, third persons singular and the third person plural. You may find it useful to think of these verbs as '1—2—3—6 verbs' in order to remember which parts change.

- The gerund for the verbs listed above is as follows:

   volviendo, jugando, pensando, prefiriendo, durmiendo, pidiendo

   Note that the only radical-changing verbs which have a spelling change in the gerund are those with infinitives in *-ir*. In these cases *o* changes to *u* and *e* to *i*.

   The most common are:

   durmiendo, prefiriendo, sintiendo, viniendo

- Apart from the spelling changes shown above, most radical-changing verbs behave normally. Apart from the changes in the preterite detailed below, changes do not occur in any tense other than the present tense, because verb forms in all other tenses have the stress on the verb ending, not on the stem.

Radical-changing verbs in the preterite

- Most radical-changing verbs are regular in the preterite. Since the stress therefore never falls on the stem, there is no change in spelling except with *-ir* verbs (third person singular and plural forms only):

   durmió, durmieron; prefirió, prefirieron; pidió, pidieron

- Because the imperfect subjunctive is based on the third person of the preterite (see Chapter 31), *all* forms of the imperfect subjunctive of these *-ir* verbs have the same change. Thus:

   durmiera/durmiese; prefiriera/prefiriese; pidiera/pidiese

- Those radical-changing verbs which are irregular (for example, *tener, venir, querer*) are in the *pretérito grave* family (see Chapter 19), and so have their own special stems for this tense: *tuve, vine, quise.*

¡ponte a punto!

¡Salud!

Pon el verbo en la forma correcta en cada caso.

Hoy en día, muchas personas (*tener*) _____ problemas de salud porque

no se cuidan bien. No (*pensar*) _____ mucho en lo que comen y beben,

y (*preferir*) _____ preparar algo que sea fácil y rápido; se

(*volver*) _____ perezosos en todo lo que hacen: (*empezar*) _____

a usar el carro en lugar de ir a pie, y en sus horas de ocio, en lugar de hacer algo activo,

(*sentarse*) _____ a ver la televisión; no (*querer*) _____ hacer

nada que necesite esfuerzo físico, y no (*esforzarse*) _____ en hacer deporte. También (*acostarse*) _____ muy tarde, y por eso no (*dormir*) _____ lo

suficiente. Cuando el médico les (*contar*) _____ cómo deberían cuidar de su salud, no

le (*hacer*) _____ caso y no (*encontrar*) _____ nada anormal en su

modo de ser, o no (*entender*) _____ lo que les dice. Luego, al darse cuenta de la verdad,

ya no (*poder*) _____ cambiar su estilo de vida.

Ahora, vuelve a escribir este párrafo, hablando de 'nosotros.' Tendrás que cambiar varias palabras, empezando así:

Hoy en día, muchos tenemos problemas de salud porque no nos cuidamos bien.

_____

_____

_____

_____

_____

_____

_____

_____

_____

_____

¡ . . . y en marcha!

1. ¿Qué piensas tú?

Imagina que estás ayudando a tu profesor(a) a organizar un intercambio. Tienes que ayudarle a hacer parejas de participantes. Por eso tienes que hacerle preguntas a un(a) compañero/a tuyo/a que quiere participar para saber algo de sus gustos y preferencias.

a) Usando los verbos *preferir, querer, poder, pensar, tener (¿Qué opinión tienes?), entender (¿Entiendes bien el español hablado?),* tu profesor(a) te preguntará qué te gusta en la vida, y qué opinión tienes de varias cosas específicas.

POR EJEMPLO: —¿**Prefieres la música pop o clásica?**
              —**Prefiero . . .**

radical-changing verbs

b) Ahora haz las mismas preguntas a tu compañero/a, y cuenta a tu profesor(a) todo lo que te dijo. (Si quieres, puedes apuntar sus respuestas en el espacio en blanco a continuación.)

_____

_____

_____

POR EJEMPLO: **Juan prefiere la música pop . . .**

c) Imagina que quieren estar en la misma casa tú y tu compañero/a, y que tú estás de acuerdo con todo lo que dice él/ella. Cuenta a tu profesor(a) lo que ustedes opinan.

POR EJEMPLO: **Juan y yo preferimos . . .**

Escribe las opiniones aquí:

_____

_____

_____

_____

2. ¡Volver a empezar!

a) Estás grabando un mensaje en casete para mandar a un amigo/a argentino(a) que espera pasar las vacaciones contigo. Cuéntale cómo pasas el día, tratando de emplear todos los verbos siguientes: *empezar, encontrar(se), volver, cerrar, acostarse, dormir.* Luego imagina que hablas de toda la familia, y vuelve a contárselo todo utilizando la forma de *nosotros.*

Aprovecha el espacio en blanco para escribir tu mensaje.

_____

_____

_____

_____

b) Ahora, cuéntale lo que hiciste ayer, o lo que hacías el año pasado/cuando eras más joven.

Escríbelo aquí:

_____

_____

_____

_____

3. ¡Viva la democracia!

a) Pronto habrá elecciones en tu país, y tú podrás votar por primera vez. En el mismo casete, trata de explicarle a tu amigo/a:
   —las principales diferencias entre los partidos políticos de tu país
   —lo que entiendes por democracia
   —qué piensas de varios aspectos de la vida contemporánea.

POR EJEMPLO: **La enseñanza**
                La seguridad social
                La defensa
                Los sindicatos

Usa los verbos *entender, pedir, poder, preferir, querer, etcétera.*

Escribe tus ideas a continuación:

_____

_____

_____

_____

_____

b) Luego, dile cómo vas a votar y por qué.

Explica tus razones aquí:

_____

_____

_____

radical-changing verbs

chapter 14

Reflexive Verbs

mecanismos

Reflexive verbs are verbs in which the subject and object are the same or, looked at another way, where the action reflects back on the subject. English reflexives are easy to spot because they always involve a 'self' word. Many verbs are reflexive in Spanish, but not in English. These actions are usually ones which are done by the subject to or for himself/herself.

EJEMPLOS: *El chico se lava.*   The boy washes/is washing himself.

Me llamo Manuel.   My name is Manuel (I call myself . . .).

The fact that a verb is reflexive does not affect the way the verb forms are made up: being reflexive simply means that the verb is accompanied by a (reflexive) pronoun. This is so even when the verb has a subject pronoun with it:

EJEMPLO: *Tú te lavas en el cuarto de baño, ¿verdad?*
You wash (yourself) in the bathroom, don't you?

The pattern of the reflexive pronouns is as in these examples:

levantarse (to get up)	**vestirse** (to get dressed)
me levanto I get up	*me visto* I dress myself
te levantas you get up (familiar)	*te vistes* you dress yourself (familiar)
se levanta he/she/it gets up	*se viste* he/she dresses him/herself
se levanta you get up (formal)	*se viste* you dress yourself (formal)
nos levantamos we get up	*nos vestimos* we dress ourselves
os levantáis you get up (familiar)	*os vestís* you dress yourselves (familiar)
se levantan they get up	*se visten* they dress themselves
(Uds.) se levantan you get up	*(Uds.) se visten* you dress yourselves

The following is a list of some common reflexive verbs, and of verbs which are reflexive in form. This is not an exhaustive list, but gives the flavor of these verbs:

acostarse to go to bed	*irse* to go away
afeitarse to shave (oneself)	*lavarse* to wash (oneself)
bañarse to bathe, take a bath	*levantarse* to get up
calzarse to put on (shoes, etc.)	*pasearse* to go for a walk
conocerse to get to know (each other)	*peinarse* to comb one's hair
cortarse to cut oneself	*ponerse* to put on, begin to
despertarse to wake up	*quitarse* to take off
ducharse to take a shower	*romperse* to break
enamorarse to fall in love	*vestirse* to get dressed

The reflexive form is often used in the plural with a reciprocal sense—doing the action to each other—as in the following examples:

Se amaban mucho.	They loved each other very much.
¿Dónde se conocieron?	Where did you meet?
Nos vemos a menudo.	We see each other often.
Se miraron nerviosamente.	They looked at each other nervously.

An apparent reflexive form is often used to avoid the passive (see Chapter 30). This is usually only possible with inanimate objects, which cannot, logically, do things to themselves:

Aquí se habla inglés.	English is spoken here.
La puerta se cerró.	The door closed.

The reflexive form is used to express possession in self-inflicted actions, and the possessive adjective is not used:

Se rompió la pierna.	He broke his leg.
Nos ponemos el abrigo.	We put on our coats.

There are other expressions such as *irse* (to go away) which use the reflexive form:

Me voy mañana.	I'm going (away) tomorrow.

The various verbs used to describe the notion of 'becoming' are all reflexive in form; they differ from one another in shades of meaning.

- *hacerse* + noun or adjective (to become)
  This is usually used where there is voluntary effort on the part of the subject:

Nos hicimos amigos el año pasado.	We became friends last year.
Quiero hacerme médico.	I want to be/become a doctor.

- *ponerse* + adjective (to become, to get . . .)
  This is used to refer to a change of mood, appearance or physical condition:

  > *Al saberlo, se puso contenta.*
  > When she found out, she became happy.

  > *Comieron tanto que se pusieron demasiado gordos.*
  > They ate so much that they got too fat.

- *volverse* + adjective (to become, to go . . .)
  This is used to convey the idea of involuntary psychological or mental change, and can only be used for people or animals:

  > *¿Te has vuelto loco, o qué?*   Have you gone nuts, or what?

- *convertirse en* + noun (to become/turn into/change into)
  This is often used where a fundamental change takes place:

  > *Madrid se ha convertido en una ciudad muy moderna y atractiva.*
  > Madrid has become a very modern and attractive city.

- *quedarse* (to become + adjective)
  This is used where some sort of loss is implied:

  > *Después del accidente se quedó sordo.*   He became deaf after the accident.

A few verbs have slight variations in meaning or emphasis when used in the reflexive form. Others can take both forms. Here are a few examples:

a) *morir*	to die (more formal)
b) *morirse*	to die (more colloquial)

EJEMPLOS: a) *Cervantes murió en el año 1616.*
                 Cervantes died in the year 1616.

                 b) *La mujer se murió de una enfermedad contagiosa.*
                 The woman died of a contagious illness.

a) *encontrar*	to find something
b) *encontrarse*	to find, meet (by chance)/to be situated

EJEMPLOS: a) *Encontraron unos artefactos muy antiguos.*
                 They found some very old artifacts.

                 b) *Nos encontramos en la iglesia.*
                 We met in the church.

a) *olvidar*	to forget
b) *olvidarse (de)*	to forget (must be used with *de*)

EJEMPLOS: a) *¡Sería mejor olvidarlo!*
                 It would be best to forget him!

                 b) *Se olvidó de que tenía invitados.*
                 He forgot that he had guests.

| a) *reír* | to laugh |
| b) *reírse* (+ *de*) | to laugh (at . . .) |

EJEMPLOS:
a) *El que ríe por último ríe mejor.*
He who laughs last laughs longest.

b) *El profesor se rió de su alumno.*
The teacher laughed at his pupil.

Colloquial Spanish often uses a reflexive pronoun for emphasis:

| *Se lo comió todo.* | He ate it all up. |
| *Me lo sé de memoria.* | I know it all by heart. |

Normally reflexive pronouns come just in front of a finite verb:

| *Se vistió despacio.* | He got dressed slowly. |

But reflexive pronouns come at the end of a positive command; they can also come at the end of an infinitive or a gerund, but this is optional.

EJEMPLOS:
Voy a ducharme/Me voy a duchar.	I'm going to take a shower.
Están bañándose/Se están bañando.	They are taking a bath.
¡Levántate!	Get up!

¡ponte a punto!

1. ¡Qué día más caótico!

He aquí la descripción del día más caótico de mi vida. Lo hice todo al revés y, además, al escribir este resumen en mi diario, ¡dejé todos los verbos en la forma del infinitivo! Pon los verbos en la forma correcta y en el lugar más apropiado.

Hoy (*bañarse*) _____ a las siete y media, (*pasearse*) _____ en seguida, y (*tomarse*) _____ en el cuarto de baño. Antes de tomar el desayuno, (*acostarse*) _____ y (*volverse*) _____. Como hacía buen tiempo, decidí (*vestirse*) _____ en el parque. Después (*despedirse*) _____ en contacto con mi novia, y (*afeitarse*) _____ media hora después delante del estanque. A las once (*levantarse*) _____ en la terraza de una cafetería y (*despertarse*) _____ un café con leche y unos churros.

(*Dirigirse*) _____ a mediodía, y (*ponerse*) _____ a mi casa.

Por la tarde (*divertirse*) _____ en casa y (*ducharse*) _____

viendo un programa de televisión. Bastante cansado, (*encontrarse*) _____ a las diez,

y (*sentarse*) _____ a las once. De repente (*quedarse*) _____ de que

había sido un día de trabajo . . . ¡y de que (*darse*) _____ loco!

2. El virus

El autor de este ejercicio tiene un gran problema: ¡su computadora tiene un virus! ¡Todos los verbos reflexivos de las siguientes frases han caído al pie del ejercicio, y se han convertido en la forma del infinitivo! Selecciona el verbo que mejor convenga a cada frase, y adáptalo según el significado de la frase. ¡Y no te olvides de los pronombres reflexivos!

afeitarse	ducharse	irse	mirarse
bañarse	encontrarse	lavarse	pasearse
divertirse	hacerse	mantenerse	volverse

1. ¡Este chico huele mal, pues no _____ nunca!

2. Tenemos que _____ antes de _____ en la piscina.

3. Los domingos, muchos madrileños _____ en el Parque del Retiro.

4. A Miguel no le gusta _____; pues por eso tiene barba.

5. A la reina le gustaba _____ en su espejo mágico.

6. Muchos españoles hacen el tae-kwondo para _____ en buena forma.

7. Los fines de semana, muchos granadinos _____ en la Sierra Nevada.

8. España _____ en una situación económica mucho más fuerte que hace treinta años.

9. A la edad de veinte años, Rebeca _____ guardia municipal.

10. ¡Con tanto trabajo, el autor _____ loco y _____ a vivir a un manicomio!

¡...y en marcha!

1. El marciano

Imagina que tu compañero/a de clase es marciano. No tiene mucha experiencia de la vida terrestre . . . y te hace una serie de preguntas sobre la rutina diaria (¡empleando verbos reflexivos, naturalmente!).

POR EJEMPLO: Marciano: ¿Qué tienes que hacer para arreglarte por la mañana?

Tú: Bueno, primero me despierto y me levanto, naturalmente.

Marciano: ¿Qué haces con la cara/ el pelo/ los dientes/ la barba?

Anota tus ideas a continuación:

_____

_____

_____

2. La cadena

Tienen que inventar un cuento, por ejemplo "La vida de Narciso". El profesor/la profesora empieza, y cada miembro de la clase tiene que añadir una frase entera, por ridícula y absurda que sea. Cada frase tendrá un verbo reflexivo; pero si resulta demasiado difícil, sólo una de cada dos frases tiene que contener un verbo reflexivo.

POR EJEMPLO: Profesor: Un día, Narciso decidió ir al baile.

Alumno 1:   Primero se lavó la cara, las manos y los pies.

Alumno 2:   Luego se puso un sombrero negro . . .

Anota unos verbos aquí:

_____

_____

3. Querido diario

Escribe un relato detallado, contando lo que hiciste ayer. Trata de usar verbos reflexivos, y usa el plural cuando puedas.

POR EJEMPLO: Ayer fui a la playa con mis amigos. Nos bañamos por la mañana y luego nos paseamos un poco por la playa . . .

Después cada uno/a puede escribir su propia versión del relato de un(a) vecino/a, cambiando los verbos a la tercera persona.

POR EJEMPLO: Ayer, Juan fue a la playa con sus amigos. Se bañaron por la mañana y luego se pasearon un poco por la playa . . .

reflexive verbs

Escribe los relatos a continuación:

_____

_____

_____

_____

_____

_____

_____

4. Metamorfosis

Inventa una serie de frases originales para usar cada uno de los verbos siguientes:

hacerse	quedarse	convertirse en
volverse	ponerse	

POR EJEMPLO: **Mi amiga quería hacerse azafata.**

Se puso muy contenta al recibir una carta de la línea aérea.

Pero su novio se volvió loco de envidia.

Escribe tus frases aquí:

_____

_____

_____

_____

chapter 15

Future Tense

mecanismos

There are two main ways in Spanish of describing actions which are to take place in the future:

The true future tense, sometimes referred to as the Simple Future, has a special set of endings. With most verbs, these endings are added to the end of the infinitive:

-ar	-er	-ir
hablar	comer	vivir
hablaré	*comeré*	*viviré*
hablarás	*comerás*	*vivirás*
hablará	*comerá*	*vivirá*
hablaremos	*comeremos*	*viviremos*
hablaréis	*comeréis*	*viviréis*
hablarán	*comerán*	*vivirán*

Verbs which are irregular in the future are simply ones which have an irregular stem, but all the stems end in *-r*; the endings are the same as for regular verbs. Therefore, the irregularity is always in the stem, and never in the ending. Here is a list of the main irregular verbs:

caber: cabré	*querer: querré*
decir: diré	*saber: sabré*
haber: habré	*salir: saldré*
hacer: haré	*tener: tendré* (and compounds)
poder: podré	*valer: valdré*
poner: pondré (and compounds)	*venir: vendré* (and compounds)

The future tense is used to indicate future events, whether in the near future or the distant future.

EJEMPLOS: *Compraré la carne en la carnicería, luego iré al hipermercado.*[1]
I'll buy/I'm going to buy the meat at the butcher's, then I'll go to the hypermarket.

El año que viene, pasaré mis vacaciones con mis padres, pero cuando tenga veinte años,
iré con mis amigos.
Next year I'll spend my vacation with my parents, but when I'm twenty
I'll go with my friends.

The future tense is also sometimes used to indicate suppositions or approximations (often involving numbers):

EJEMPLOS: *¿Dónde estará?*
I wonder where he is.

¿Dónde está papá? Estará en la cocina.
Where is Dad? He's probably in the kitchen.

¿Cuántos años tiene el abuelo? Tendrá unos setenta años.
How old is Granddad? He must be about seventy.

The future can also be expressed as in English, simply by taking the appropriate part of the present tense of the verb 'to go' and adding the infinitive of the main verb—*ir* + *a* plus the infinitive of the main verb.

EJEMPLOS:
Voy	*a hablar*	*con tus padres.*
I am going	to speak	to your parents.
Vamos	*a ir*	*al restaurante.*
We are going	to go	to the restaurant.

As can easily be deduced from these examples, this structure is used to describe an action which is immediately about to happen: it is often referred to as the Immediate Future.

The idea of the future can also be expressed by means of the present tense, as in English.

EJEMPLOS: *Esta tarde van a unos almacenes a comprar un regalo para su madre.*
This afternoon they are going to department stores to buy a present for their mother.

El tren sale a las diez y media.
The train leaves (will leave) at ten thirty.

---

[1]*Un supermercado muy grande.*

¡ponte a punto!

1. Mañana

¿Por qué se debe hacer hoy lo que se puede hacer mañana? Contesta a estas órdenes según el siguiente ejemplo:

—Oye, ¡limpia tus zapatos en seguida!

—Los limpiaré mañana.

1. ¡Arregla tu dormitorio! _____
2. ¡Lava estas camisas! _____
3. ¡Haz tus deberes! _____
4. ¡Friega los platos! _____
5. ¡Barre el patio! _____
6. ¡Limpia la alfombra! _____
7. ¡Lee este libro! _____
8. ¡Ve a visitar a tu abuela! _____
9. ¡Pon tu bicicleta en el garaje! _____
10. ¡Vuelve a la biblioteca! _____
11. ¡Compra unos huevos! _____
12. ¡Busca tu reloj! _____
13. ¡Escribe a tu novia! _____
14. ¡Llama a tus amigos! _____

2. La boda

He aquí lo que escribió un novio (Andrés) el día después de sus bodas. Él cuenta todo lo que sucedió en la boda. Usando este modelo, imagina que tienes que hacer tus planes para tu propia boda. Puedes hacerlo desde el punto de vista del novio o de la novia. Tienes que basarlo sobre este cuento, pero cambia los verbos al futuro.

La víspera de la boda, salí por la tarde con unos amigos. Tomamos unas copitas, luego fuimos a cenar a un restaurante. Después . . . bueno, no lo recuerdo bien, ¡ni quiero recordarlo!

El día de la boda, me levanté a las ocho, y desayuné con el padrino de boda, que llegó sobre las ocho. Los dos salimos a dar un paseo a la orilla del río, y a las diez volvimos a casa a vestirnos para la boda.

Llegamos a la iglesia a las doce menos cuarto; muchos parientes y amigos ya estaban allí, y otros llegaron después de nosotros. El cura entró a las doce en punto y, por fin, llegó Juanita con su padre. ¡Qué hermosa estaba! Con ella llegaron también las damas de honor, mis sobrinas Mariana y Sara. Ellas también estaban muy guapas. La ceremonia duró un poco menos de una hora, y después nos sacaron fotos delante de la iglesia.

A las dos fuimos todos al hotel, donde almorzamos, bailamos y nos divertimos. Por fin, Juanita y yo nos despedimos de todos, y nos pusimos en camino para nuestra luna de miel. ¡Y ya no escribo más!

_____

_____

_____

_____

_____

_____

_____

_____

_____

_____

¡...y en marcha!

1. ¡Estos niños se meten en todo!

Estás a punto de salir—tal vez con tu novio/a o con unos amigos. Mientras te arreglas, tus hermanos menores te hacen una serie de preguntas. Tus compañeros/as de clase harán el papel de tus hermanos: contéstales usando el futuro. No necesitas decir la verdad en tus respuestas. ¡A veces hay que usar alguna mentirilla con los hermanitos que se meten en todo!

POR EJEMPLO: —Oye, ¿por qué te estás vistiendo así?
                 —Bueno, ¡porque vamos a ir a la discoteca, tonto!
                 —Y, ¿qué vais a hacer en la discoteca?
                 —¡Veremos la nueva película de Batman, idiota!

Anota tus ideas para el diálogo aquí:

_____

_____

_____

_____

2. Encuentro con la justicia

¡Qué inocentes son! Tú y tus amigos van al centro de la ciudad a divertirse, pero se para al lado de ustedes un coche de patrulla. Uno de los policías—el profe—les hace una serie de preguntas para saber adónde van y qué van a hacer.

POR EJEMPLO: —Dicen que van al cine pero está cerrado hoy. ¿Qué van a hacer, entonces?

—Iremos a la cafetería a tomar algo.

—¿Qué harán después?

—A lo mejor volveremos a casa de Juan, y veremos un video.

¡Otra vez, sus respuestas podrían contener unas mentirijillas o tonterías!

Anota ideas para el diálogo aquí:

_____

_____

_____

3. El nuevo conductor

i) Cuenta a tus amigos cuándo, cómo y por qué vas a aprender a manejar, y describe tu carro ideal. En todos los verbos, usarás el futuro, incluso cuando quieras describir cómo será tu carro probablemente . . .

POR EJEMPLO: Voy a empezar a aprender a manejar el día de mi cumpleaños. Tardaré dos o tres meses en aprender, y después de conseguir mi licencia . . .

Escribe tus planes y describe tu carro aquí:

_____

_____

_____

_____

_____

ii) Escribe una carta a un(a) amigo/a colombiano/a, contándole todo lo que acabas de decir a tus compañeros/as.

Escribe la carta a continuación:

_____

_____

_____

_____

_____

_____

4. Ambiciones—juego de memoria

Cada miembro de la clase explica sus ambiciones para el futuro, y los demás lo escuchan pero sin apuntar nada.

Luego cada estudiante tiene que explicar las ambiciones de otro—el/la profesor(a) tiene que nombrar las parejas. A ver si aciertan todos a recordar los planes de los demás. Igualmente, el profe, u otro estudiante, puede hacer preguntas tales como:

¿Qué va a hacer Ricardo? o bien **¿Qué dice que hará después de los exámenes?**

5. Predecir el futuro

Eres adivino/a en un parque de atracciones. Tienes que estudiar la cara, la mano o los naipes de tus compañeros/as y decirles lo que les va a pasar en el futuro . . . pero ¡tienen que pagarte con una moneda de plata!

Igualmente, imagina que eres palmista. Tus compañeros tienen que mandarte una fotocopia anónima de la palma de sus manos: tienes que predecirles el futuro, por escrito. También puedes tratar de decir de quién es la mano. ¡Suerte!

chapter 16

Conditional Tense

mecanismos

The conditional tense in Spanish is formed by taking the stem of the future tense (which is the infinitive for most verbs) and adding to it the *-ía* (imperfect tense) endings. This applies both for regular and irregular verbs.

-ar	-er	-ir
hablar	comer	vivir
hablaría	comería	viviría
hablarías	comerías	vivirías
hablaría	comería	viviría
hablaríamos	comeríamos	viviríamos
hablaríais	comeríais	viviríais
hablarían	comerían	vivirían

Those verbs with irregular stems in the future tense (see Chapter 15) are irregular also in the conditional. For example:

hacer	poner
haría	pondría
harías	pondrías
haría	pondría
haríamos	pondríamos
haríais	pondríais
harían	pondrían

■ The conditional tense is used by and large where in English we use the word 'would' (but see below). Its name reflects one of its uses: to express the result of a condition (if).

EJEMPLO: *Podría irse si termina sus deberes a tiempo.*
               He could go if he finishes his homework in time.

Its main uses are as follows:

a) to indicate an implied condition:

EJEMPLOS: *No me gustaría hacerlo.*   I wouldn't like to do it.

               Sería una buena idea.   It would be a good idea.

b) to express suppositions or approximations in the past (often involving numbers):

EJEMPLOS: *¿Dónde estaba papá en aquel momento? Estaría en la cocina.*
               Where was Dad at that moment? He was probably in the kitchen.

               ¿Cuántos años tenía la abuela entonces? Tendría unos setenta años.
               How old was Grandma at the time? She must have been about seventy.

c) to express the future in the past, especially in reported speech:

EJEMPLOS: *Dijo que al año siguiente iría a la universidad.*
               He said that the following year he was going/would go/was to go to college.

               Dije que compraría el pan en la panadería, luego iría al mercado.
               I said I was going/I would/I was to buy the bread at the baker's, then was going/would/was to go to the market.

d) to express rhetorical questions:

EJEMPLO: *¿Quién haría tal cosa?*   Who would do such a thing?

■ The conditional tense is often replaced by the imperfect, especially in conditional sentences in colloquial language:

EJEMPLO: *Si ganaba el Gordo, no necesitaba trabajar más.*
               If I won the jackpot, I wouldn't need to work any more.

■ The conditional tense is often replaced by the imperfect subjunctive -*ra* form; this is especially the case with the verbs *querer, haber,* and *deber,* but often occurs with others:

EJEMPLOS: *Quisiera tener mucho dinero.*
               I would like to have lots of money.

Hubiera querido ir a casa de mi abuela.
I should like to have gone to my grandmother's house.

Debiera haber ido.
He should have gone.

(See also Chapter 37, 'If . . .' clauses.)

Be careful with the English words 'would' and 'wouldn't' when they refer to someone's willingness (or otherwise) to do something. They need to be expressed using the verb *querer* in the imperfect or preterite form.

EJEMPLO: *Quería oírla, pero ella no quería/quiso cantar.*
I wanted to hear her but she wouldn't sing.

Always take care when 'would' in English actually means 'used to'; when this is the case, use either the imperfect or *soler* + infinitive. (See also Chapter 17.)

EJEMPLOS: *Cuando éramos jóvenes, a menudo íbamos juntos al bosque.*
When we were young, we would often go to the woods together.

Hace muchos años, la gente no solía bañarse mucho.
Years ago, people did not often take baths.

¡ponte a punto!

1. Fantasía

¿Quién sabe lo que podría traer el futuro de este mundo nuestro? Imagina que un día tus padres te mandan hacer varias tareas domésticas. Mientras las haces, piensas en el futuro y en los robots especiales que todos tendríamos para hacerlo todo. Inventa una respuesta para cada orden. (Algunas respuestas podrían ser un poco ridículas . . .)

POR EJEMPLO: —¡Limpia tus zapatos en seguida!

—En el futuro, los limpiaría mi robot.

1. ¡Limpia tu dormitorio! _____

2. ¡Lava el coche! _____

3. ¡Friega los cacharros! _____

4. ¡Barre el suelo de la cocina! _____

5. ¡Prepara la cena! _____

conditional tense

6. ¡Pon la mesa! _____

7. ¡Lleva tu bicicleta al garaje! _____

8. ¡Seca estos vasos! _____

9. ¡Búscame un huevo en la nevera! _____

10. ¡Corta el césped! _____

2. La boda

He aquí una carta escrita por una novia dos o tres semanas antes de sus bodas. La mandó a la chica que iba a ser su dama de honor, diciéndole lo que tendría que hacer el día de la boda.

San José, Costa Rica
8 de julio

¡Hola!

Te escribo para decirte cómo será el día de la boda, y lo que tendrás que hacer.

La víspera de la boda, tendrás que llegar a mi casa a las ocho; Sara ya estará allí. Prepararemos varias cosas para la boda, luego saldremos a cenar con unas amigas mías.

El día de la boda, nos levantaremos a las ocho, y después del desayuno iremos a la peluquería. A las diez y cuarto volveremos a mi casa a vestirnos para la boda. ¡Todas estaremos guapísimas!

Iremos con mi padre a la iglesia, y llegaremos a las doce y pico: ¡la novia tiene que llegar un poquito tarde! Los parientes y amigos ya estarán allí, pues seremos los últimos en llegar. Al entrar, tú y Sara caminarán detrás de mí. El cura te dirá lo que tienes que hacer durante la ceremonia; la ceremonia durará un poco menos de una hora, y después nos sacarán fotos delante de la iglesia.

A las dos iremos todos al hotel, donde almorzaremos, bailaremos y nos divertiremos. Por fin, Andrés y yo nos despediremos de todos vosotros, y nos pondremos en camino para nuestra luna de miel.

Llámame por teléfono si se te ocurre algo más que necesites saber.

¡Hasta pronto!

Un beso,

Juanita

Imagina que tú fuiste la dama de honor, y que después de la boda escribes otra carta a una amiga, contándole todo lo que te había dicho Juanita. Termina la que aparece a continuación:

POR EJEMPLO: Juanita me dijo que la víspera de la boda tendría que . . .

_____

_____

_____

_____

_____

_____

_____

_____

_____

_____

_____

_____

_____

_____

_____

_____

_____

¡. . . y en marcha!

1. ¡El invento!

Dos compañeros de clase hacen el papel de tus padres. Están hartos de los quehaceres que tienen en casa. Como buen(a) chico/a, les ayudas, y dices que un día inventarás una máquina para hacerlo. Quieren saber más, y tú tienes que explicárselo todo (usando el condicional): cómo sería el aparato, cómo funcionaría y qué haría. Cada estudiante tiene que inventar varios chismes y explicárselos a los demás.

POR EJEMPLO: Papá: Oye, ¿quieres limpiarme los zapatos? No tengo tiempo, y no quiero mancharme la camisa.

                       Tú: Claro. Pero un día voy a inventar una máquina para hacerlo.

                     Papá: ¿Cómo funcionaría?

                       Tú: Bueno, tendría un motor eléctrico y un cepillo automático: meterías los zapatos en un agujero, y saldrían limpios.

conditional tense

Anota tus ideas a continuación:

_____

_____

_____

2. En el año 2020

En el siglo XX, la tecnología ha hecho unos progresos tremendos; ¿y qué pasaría en el próximo siglo, si aún estuviéramos todos aquí? ¿Todavía tendríamos necesidad de trabajar? Imagina una serie de cambios fundamentales en la vida y en el trabajo y, usando el condicional, cuéntaselos a tus compañeros/as.

POR EJEMPLO: **Para mí, no creo que tendríamos que trabajar más. Me parece que las fábricas funcionarían automáticamente, y la administración sería hecha por ordenadores . . .**

Después de escuchar a los otros estudiantes, escribe un resumen de 150 palabras sobre cómo sería el año 2020, según ellos.

Escríbelo aquí:

_____

_____

_____

_____

_____

_____

_____

_____

_____

_____

3. El loco del volante

a) Acabas de aprender a manejar y, desgraciadamente, acabas de tener tu primer accidente. Pero todo fue culpa de un loco del volante que causó el accidente y luego se escapó. Tienes que describirlo al policía que llega después para ayudarle a encontrar al delincuente. Describe el carro, al conductor y su manera de manejar . . . pero no estás seguro/a de nada, por lo tanto utilizas el condicional para expresarte.

POR EJEMPLO: **Pues, era un carro deportivo—sería un Ferrari o un Porsche. No lo vi muy bien al conductor—tendría unos treinta años, pero iría a unos cien kilómetros por hora, ¡como si fuera un corredor de carreras!**

b) Ahora, como es natural, tienes que preparar una declaración por escrito para la policía. Escribe la declaración aquí:

_____

_____

_____

_____

c) A ver si tú y tus amigos pueden imaginar otros accidentes y siniestros para hacer descripciones parecidas de ellos y de los culpables.

Anota tus ideas a continuación:

_____

_____

_____

4. Lo sabía todo

Imagina a un sabelotodo que expresa su reacción a varios hechos y acontecimientos recientes o históricos. Al oír lo que pasó, siempre dice que ya sabía lo que pasaría. El sabelotodo puede ser de ahora o del pasado.

POR EJEMPLO:	Profesor(a):	**Cristóbal Colón se fue hacia el oeste porque creía que la Tierra era redonda, y por eso . . .**
	Sabelotodo:	**¡Ya sabía Colón que encontraría tierras nuevas!**
	Tú:	**Hubo un incendio en nuestro pueblo anoche, ¿sabes? Se incendió el ayuntamiento.**
	Sabelotodo:	**¡Ya sabía yo que habría un incendio, y que se arrasaría el ayuntamiento!**

Anota algunos acontecimientos y posibles reacciones aquí:

_____

_____

_____

conditional tense

chapter 17

Imperfect Tense

mecanismos

The imperfect tense in Spanish has two sets of endings, one for *-ar* verbs and the other for *-er* and *-ir* verbs:

trabajar	comer	vivir
trabajaba	*comía*	*vivía*
trabajabas	*comías*	*vivías*
trabajaba	*comía*	*vivía*
trabajábamos	*comíamos*	*vivíamos*
trabajabais	*comíais*	*vivíais*
trabajaban	*comían*	*vivían*

The verbs *ser* and *ir* are irregular:

ser	ir
era	*iba*
eras	*ibas*
era	*iba*
éramos	*íbamos*
erais	*ibais*
eran	*iban*

Note that the verb *ver* adds the *-ía* endings to the stem *ve-*: *veía*. There are no other irregularities of formation.

The imperfect tense has three main uses:

a) to indicate what **used** to happen, such as habitual or repeated happenings:

Cuando vivíamos en Barcelona, teníamos que hablar catalán.
When we lived (used to live) in Barcelona, we had to (used to have to) speak Catalan.

Note that the corresponding English verbs 'lived' and 'had to' are expressed in the simple past in this example but these are definitely habitual actions, so use the imperfect in Spanish.

b) description:

Antes del siglo XVI, Madrid no era más que un pueblo sin importancia situado en un río que quedaba seco lo más del año.
Before the XVIth century, Madrid was only an unimportant town on a river which was dry for most of the year.

c) to say what was happening at a particular time:

Hablaba por teléfono.	I was talking on the phone.
Arreglaba mi cuarto.	I was cleaning up my room.

The imperfect is often used in conjunction with the preterite to indicate what was going on when something else happened (see Chapter 18). In this case, you can also use the 'continuous' form, with the imperfect of *estar* and the gerund, as in English:

Estaba hablando por teléfono cuando llamaron a la puerta.
I was talking on the phone when someone knocked at the door.

¡ponte a punto!

1. La bisabuela

Cambia los verbos al imperfecto:

Nunca conocí a mi bisabuela, porque murió antes de que yo naciera, pero según mi madre

(*ser*) _____ una mujer pequeña, que siempre (*llevar*) _____ un

sombrero en la calle y muchas veces en la casa. (*Vivir*) _____ en una casa vieja que

(*tener*) _____ siempre una maceta en la ventana del salón. Todos los domingos

(*ir*) _____ a la iglesia y luego (*almorzar*) _____ con mis

abuelos, porque mi bisabuelo ya (*estar*) _____ muerto y ella se

(*encontrar*) _____ sola. A mi madre le (*gustar*) _____ las visitas

de su abuela—es decir, mi bisabuela—porque ésta siempre le (*traer*) _____ un

regalito o le (*dar*) _____ una moneda ¡con las que (*poder*) _____

comprar bastantes cosas en aquellos días! Después de casarse mi madre no (*ver*) _____

tanto a su abuela, pero la (*querer*) _____ mucho. Mi bisabuela murió un poco antes de

nacer yo.

imperfect tense

2. En la época de Franco en España (1939–1975)

Cambia los verbos al imperfecto y traduce el extracto al inglés:

Durante los años franquistas por lo general se (*prohibir*) _____ hablar

catalán. También en esa época (*haber*) _____ censura y la prensa no

(*poder*) _____ imprimir todo lo que (*querer*) _____. Muchos

de los periódicos y revistas que disfrutamos hoy no (*existir*) _____ aún, aunque hacia

finales de la dictadura ya (*empezar*) _____ a aparecer revistas como *Cambio 16*. Sin

embargo, (*decirse*) _____ que la gente (*leer*) _____ 'entre líneas' y,

por ejemplo, cada vez que los periódicos (*negar*) _____ que hubiese huelgas en

Cataluña o el País Vasco, y cuanto más la prensa franquista (*insistir*) _____ en que no,

tanto más la gente se (*dar*) _____ cuenta de lo que (*estar*) _____

ocurriendo. También la censura (*restringir*) _____ las películas que se

(*poder*) _____ ver en los cines.

3. ¡Caos en casa!

Una madre fue un día a la ciudad a hacer la compra. Aquí habla de la situación que encontró en casa al volver. Cambia los verbos entre paréntesis al imperfecto:

Cuando llegué a casa, lo que (*pasar*) _____ era horroroso. Los niños

(*jugar*) _____ a la corrida en el comedor, el gato (*trepar*) _____

por las cortinas, el perro (*roer*) _____ un hueso sobre la alfombra. Mi marido

(*dormir*) _____ en una butaca en la sala de estar y su cigarrillo

(*quemar*) _____ la butaca. El transistor (*estar*) _____ puesto lo

más alto posible ¡y el programa (*tratar*) _____ de la vida familiar! En la cocina

el agua se (*escapar*) _____ del grifo y se (*desbordar*) _____

sobre el suelo. En el jardín nuestros dos conejos (*correr*) _____,

(*saltar*) _____ y (*comer*) _____ las verduras. El vecino

(*cortar*) _____ un árbol y las ramas (*caer*) _____ sobre mis

flores. Cuando les pregunté a todos qué (*hacer*) _____, me respondieron:

«Nosotros (*cuidar*) _____ la casa mientras tú (*ir*) _____ de

compras». Pensé que lo (*soñar*) _____ todo, ¡pero (*ser*) _____

la verdad!

¡. . . y en marcha!

1. Recuerdos

Piensa en cuando tenías diez años, y describe tu vida de entonces. ¿Cómo eras? ¿Dónde vivías? ¿A qué colegio ibas? ¿Qué hacías allí y cómo eran tus profesores y tus compañeros de clase? ¿Cuáles eran tus intereses? Cuenta a tus compañeros/as de clase actuales todo lo que recuerdas de aquellos tiempos.

Escribe tus "memorias" a continuación:

_____

_____

_____

_____

_____

_____

2. ¡Al ladrón!

En tu colegio desapareció ayer una videocámara. La directora está haciendo pesquisas. ¿Dónde estabas tú, y qué hacías a la hora en que desapareció el aparato? ¿Y tus compañeros/as? Discutan sus actividades mientras uno hace de reportero.

Anota tus ideas y comentarios aquí:

_____

_____

_____

_____

_____

imperfect tense

chapter 18

Continuous Tenses

mecanismos

As you saw in Chapter 12, the present tense in Spanish is used to convey the idea of an action taking place in present time in two ways: 'he reads' and 'he is reading,' for example. While the first version refers to a general truth, the second describes what is going on at the moment:

EJEMPLOS: *Javier lee muchos libros.*
             Javier reads lots of books.

             Javier lee un libro en este momento.
             Javier is reading a book at the moment.

Although the verb itself is the same, the idea of the action is entirely different. Normally in Spanish, the context of the verb will make it quite clear which of these ideas is being conveyed.

The present continuous

Spanish also has a separate tense to express ongoing actions: the present continuous. It is formed in very much the same way as in English by using the appropriate form of the present tense of *estar* followed by the gerund.

estoy hablando	I am speaking
estás hablando	you are speaking
está hablando	he/she is speaking, you are speaking (*usted*)
estamos hablando	we are speaking
estáis hablando	you (plural) are speaking
están hablando	they are speaking, you are speaking (*ustedes*)

This tense is used where there is special emphasis on the ongoing nature of the action. It is not used as often as its equivalent in English for the simple reason that the ordinary present tense usually conveys the meaning.

The gerund of regular -ar verbs ends in -ando, -er verbs and -ir verbs in -iendo:

hablar → hablando	*comer → comiendo*	*vivir → viviendo*

Note the spelling change in the gerund of verbs such as the following:

construir → construyendo	*leer → leyendo*	*oír → oyendo*
caer → cayendo	*creer → creyendo*	

and other verbs ending in -uir. Note also that most radical-changing verbs do not undergo any spelling change to their gerund:

volver → volviendo	*jugar → jugando*	*pensar → pensando*

The exceptions are those with infinitives in -ir. In these cases 'o' changes to 'u', and 'e' to 'i':

dormir → durmiendo	*pedir → pidiendo*	*reñir → riñendo*

Others in this group are:

preferir → prefiriendo	*sentir → sintiendo*	*venir → viniendo*

The imperfect continuous

There is a similar tense which is used to describe ongoing actions in the past: the imperfect continuous. The imperfect itself is usually quite adequate to describe such actions, but this continuous tense is used where extra emphasis is required for the ongoing nature of the action.

This tense is similar to the present continuous; instead of the present tense of *estar*, it uses the imperfect of *estar*, but the gerund is the same:

estaba hablando	I was speaking
estabas hablando	you were speaking
estaba hablando	he/she was speaking, you were speaking (*usted*)
estábamos hablando	we were speaking
estabais hablando	you (plural) were speaking
estaban hablando	they were speaking, you were speaking (*ustedes*)

¡ponte a punto!

1. El espía

He aquí un relato en el que el Señor X nos cuenta lo que hace todos los días cuando va al trabajo. Imagina que eres espía industrial o detective, y que tienes que espiarlo. Un día lo observas clandestinamente camino a su lugar de trabajo. Tienes un transmisor portátil con el cual cuentas a un colega todo lo que está haciendo el Señor X. Claro, tienes que utilizar el presente continuo. Empieza así:

Son las nueve y está saliendo de casa.

Salgo de casa a las nueve y pico. Cruzo la calle y espero el autobús. Cuando llega, subo y pago el billete. Bajo delante del ayuntamiento, y tomo la calle de Toledo. Luego subo la avenida de Burgos, y entro en el edificio de la empresa donde trabajo. Normalmente llego a las nueve y media. Subo en el ascensor al cuarto piso, salgo y me dirijo a mi despacho. Saludo a mi secretaria, y me siento detrás de mi escritorio. Empiezo a abrir el correo y comienzo a redactar mis respuestas a las cartas. Poco después, entra mi secretaria con una taza de café, y se prepara para tomar unos apuntes. Llamo por teléfono a mi jefe, y luego entra un colega para mostrarme unos dibujos. A mediodía los dos salimos, y vamos al café que se encuentra enfrente de la oficina, y tomamos un aperitivo. Luego vamos al restaurante Salamanca y nos sentamos cerca de la ventana. Pedimos algo de comer y una botella de agua mineral. Charlamos con el camarero. Después de tomar café, volvemos al trabajo.

Escribe el relato a continuación:

_____

_____

_____

_____

_____

_____

_____

_____

_____

_____

2. El novio celoso

Eres un entremetido/a. Ayer viste a la novia de José María en varios sitios. Él quiere saber qué hacía la chica ¡y con quién! Completa las frases siguientes para decir lo que estaba haciendo la novia:

1. Ayer a las diez de la mañana vi a Concha en el parque y _____.

2. A las diez y media la vi en la biblioteca y _____.

3. A las once la vi en el café Chinchón y _____.

4. A mediodía la vi salir de la panadería y _____.

5. A la una la vi entrar en el Restaurante Zeluán y _____.

6. A las dos la vi en la playa y _____.

7. A las cuatro la vi en la Calle Mayor y _____.

8. A las siete la vi entrar en la Discoteca Marisol y _____.

9. A las nueve la vi en Bodegas Muñoz-Rivas y _____.

10. A medianoche la vi volver a casa y _____.

¡. . . y en marcha!

1. ¿Qué profesión?

Tienes que escoger una profesión u oficio. Los demás tienen que hacerte preguntas para adivinar qué es. Para ayudarles, tienes que representar tu profesión con gestos apropiados.

POR EJEMPLO: **Eres carpintero: haces como que cortas un trozo de madera con tu sierra.**

¿Estás boxeando?	**—No.**
¿Estás cortando carne?	**—No.**
¿Estás cortando madera?	**—Sí.**
¿Eres leñador?	**—No.**
¿Eres carpintero?	**—Sí.**

Anota algunas ideas aquí:

_____

_____

2. ¡Al ladrón!

Ha habido un atraco en un banco de Bogotá donde están Uds. de vacaciones. Un transeúnte vio a los atracadores entrar en su hotel. Por coincidencia, en todos los aspectos se les parecen. Uno/a de tus compañeros/as hace el papel del policía que les está interrogando. Les pregunta a cada uno dónde estaban y qué estaban haciendo.

Al terminar el interrogatorio, cada miembro de la clase tiene que preparar su declaración escrita, y el 'policía' escribe su relato para el comisario.

Escribe tu declaración aquí:

_____

_____

_____

_____

continuous tenses

3. El reportaje

Imagina que eres periodista. Asistes a un concierto muy importante, a un accidente espectacular, a un partido de fútbol, a la boda de una persona famosa o a otro acontecimiento importante. Utiliza el imperfecto continuo para escribir una descripción de lo que estaban haciendo todos los participantes. Escribe unas 120 palabras a continuación:

_____

_____

_____

_____

_____

_____

_____

_____

_____

_____

chapter 19

Preterite Tense

mecanismos

The preterite

You may come across some other names for this tense: Historic Past, Definite Past, or Simple Past.
It is used to describe a single, completed action in the past or an action which took place over a defined period of time, however long.

EJEMPLOS:　　*Ayer compré un abrigo nuevo.*
　　　　　　　Yesterday I bought a new coat.

　　　　　　　Pasé dos años trabajando en San Juan.
　　　　　　　I spent two years working in San Juan.

Don't be tempted simply to use the preterite whenever you want to say 'I went,' 'he was,' and so on. The English simple past form is often used where you'll actually need the imperfect in Spanish (see Chapter 20 on the preterite and imperfect together).

EJEMPLO:　　*Todos los días iba al colegio en el autobús.*
　　　　　　　I went to school every day by bus.

The stem is as for the present tense, i.e., the infinitive minus the *-ar, -er,* and *-ir.* You will notice that *-er* and *-ir* verbs share the same set of endings; these endings are, in any case, very similar to those for *-ar* verbs. The *nosotros* form of *-ar* and *-ir* verbs is the same as for the present tense; the context usually prevents any possible confusion.

-ar	-er	-ir
comprar	beber	subir
compré	*bebí*	*subí*
compraste	*bebiste*	*subiste*
compró	*bebió*	*subió*
compramos	*bebimos*	*subimos*
comprasteis	*bebisteis*	*subisteis*
compraron	*bebieron*	*subieron*

The stress always falls on the ending (though only the first and third persons singular need a written accent). This means that most radical-changing verbs are no problem in the preterite, except for the -ir verbs in this group, which have spelling changes in the third person singular and plural forms only:

e → i (-ie in present)	e → i (-i in present)	o → u (-ue in present)
preferir	pedir	dormir
preferí preferiste prefirió preferimos preferisteis prefirieron	pedí pediste pidió pedimos pedisteis pidieron	dormí dormiste durmió dormimos dormisteis durmieron

Those radical-changing verbs which are irregular (e.g., *tener, venir, querer*) are in the *pretérito grave* family, and so have their own special stems for this tense (see Chapter 13 of this unit).

A few verbs have minor spelling changes:

a) verbs with -*y*- in the third person forms.

EJEMPLO: *creer: creí, creíste, creyó, creímos, creísteis, creyeron*

and also *caer, leer, oír* and verbs ending in -*uir.*

b) -*er*/-*ir* verbs whose stem ends with an -*ñ*- or -*ll*- drop the -*i*- from the ending.

EJEMPLO: *gruñir: gruñó, gruñeron* and also *bullir, reñir*

c) Verbs with a stem ending in *c* need a spelling change to the *yo* form: *c* changes to *qu* because otherwise the following *e* would alter the pronunciation of the *c*:

EJEMPLO: *buscar: busqué, buscaste, buscó,* etc.

and also *acercarse, atacar, chocar, explicar, marcar, pescar, sacar, tocar.*

d) Verbs with a stem ending in *g* need a spelling change to the *yo* form: *g* changes to *gu* because otherwise the following *e* would alter the pronunciation of the *g*:

EJEMPLO: *pagar: pagué, pagaste, pagó,* etc.

and also *apagar, cargar, entregar, llegar.*

e) Verbs with a stem ending in *z* also need a change to the *yo* form:

EJEMPLO: *cruzar: crucé, cruzaste, cruzó*, etc.

Note the following irregular verbs:

> *dar: di, diste, dio, dimos, disteis, dieron*
>
> *ver: vi, viste, vio, vimos, visteis, vieron*

Ser and *ir* share the same forms in the preterite tense:

> *fui, fuiste, fue, fuimos, fuisteis, fueron*

The *pretérito grave*

This group of a dozen or so verbs has its own set of endings, added in each case to an irregular stem. The endings are largely familiar ones, four of them being the same as for *-er* and *-ir* verbs. Note that the endings of the first and third persons singular are unstressed and have no accent.

EJEMPLO: *estar* → *estuve, estuviste, estuvo, estuvimos, estuvisteis, estuvieron*

Others in this group are:

> *andar: anduve* . . .
>
> *caber: cupe* . . .
>
> *hacer: hice* . . .
>
> *poder: pude* . . .
>
> *poner: puse* . . . (and compounds: *imponer, proponer, suponer*, etc.)
>
> *querer: quise* . . .
>
> *saber: supe* . . .
>
> *tener: tuve* . . . (and compounds: *mantener, obtener, sostener*, etc.)
>
> *venir: vine* . . .

Those with the stem ending in *j* take *-eron* as the third person plural ending:

> *decir: dije* . . . *dijeron*
>
> *traer: traje* . . . *trajeron* (and compounds: *atraer, contraer, distraer*)
>
> *conducir: conduje* . . . *condujeron* (also *producir* and all compounds ending in *-ducir*)

Note the use of the preterite of *saber* and *conocer*:

> *Al leer la carta, supe que había ganado la lotería.*
> On reading the letter, I realized that I had won the lottery.

> *La conocí en Cochabamba.*
> I met her/got to know her in Cochabamba.

preterite tense

¡ponte a punto!

1. El noventa y dos

Pon el verbo en la forma correcta del pretérito en cada caso:

Para España, el año 1992 (*resultar*) _____ ser muy importante, porque

ese año (*celebrarse*) _____ un aniversario muy importante y también

(*suceder*) _____ allí varios acontecimientos de gran importancia internacional.

Ya sabemos todos que en 1492 el gran navegador genovés, Cristóbal Colón,

(*descubrir*) _____ el continente de América. Con motivo del descubrimiento

del Nuevo Mundo, (*organizarse*) _____ varias fiestas y actividades culturales

en España e Hispanoamérica. Además, en 1988, 400 jóvenes españoles e iberoamericanos

(*emprender*) _____ el viaje de 'Aventura 92' en el que (*recorrer*) _____

los más importantes lugares colombinos. Y en 1992, España (*recibir*) _____ a

millones de extranjeros que (*asistir*) _____ a los Juegos Olímpicos en Barcelona,

(*acudir*) _____ a la Expo 92 en Sevilla y (*visitar*) _____ los museos

de Madrid, capital cultural de Europa del 92. Total, en el 92, España (*llamar*) _____

la atención del mundo entero.

2. La vuelta al cole

Ahora, vuelve a escribir este párrafo usando el pretérito:

En el mes de setiembre, muchas familias españolas se preparan para el ritual de todos los años, o sea la vuelta al cole. Este año unos nueve millones de jóvenes volverán a su colegio. Como todos los años, cuando los padres compren los libros necesarios, pagarán precios caros, y se enfadarán al tener que enfrentarse con los atascos provocados por los autobuses escolares que empezarán a circular otra vez. Además, continuarán en el sistema educativo los cambios estructurales que se iniciaron en 1990.

Escribe el párrafo aquí:

_____

_____

_____

_____

_____

¡...y en marcha!

1. ¡Los enamorados!

a) Tu novio/a no llegó ayer a la cita que tenía contigo. Tú estás muy enfadado/a, porque te han dicho que tu novia/a salió con otro/a. Tú tienes que acusarle a tu novio/a (un[a] compañero/a de clase) de una serie de cosas, usando el pretérito.

POR EJEMPLO: **Anoche no llegaste a mi casa a las ocho, como me prometiste.**
Saliste con Maribel, ¿verdad? La llevaste a la discoteca, ¿no? ¡Canalla!

Tu compañero/a tiene que defenderse como mejor pueda diciéndote por ejemplo:

¡Que no! Es que nos visitaron mis abuelos. Traté de llamarte por teléfono, pero . . .

b) Ahora tienen que cambiar de papeles. Tu compañero/a será el novio/la novia enfadado/a, y tú tendrás que defenderte.

c) Por fin, tienes que escribir una carta a tu novio/a acusándole o defendiéndote y explicando por qué ¡no quieres verlo/la más!

Anota tus ideas a continuación y luego escribe la carta.

_____

_____

_____

_____

_____

_____

_____

2. La abuelita

a) Le cuentas a la abuela de un(a) amigo/a cómo pasaste las vacaciones, pero no te oye muy bien. Tu amigo/a tiene que repetir así lo que dices:

Tú: **Pasé las vacaciones en Mallorca.**

Abuela: **¿Qué dices?**

Tu amigo/a: **Dice que pasó las vacaciones en Mallorca.**

b) Por fin, se cansan de gritar. Tú le haces un resumen de tus vacaciones a tu compañero/a y él/ella escribe el resumen de lo que acabas de decirle.

Escribe el resumen en el espacio en blanco.

_____

_____

_____

_____

_____

3. ¡El periodista sin límites!

a) Imagina que eres periodista y que acompañaste a una persona famosa en sus aventuras, por ejemplo: Cristóbal Colón, Julio César, El Cid. Primero tienes que llamar a tu redactor, contándole todo lo que ocurrió.

b) Luego tienes que escribir tu reportaje para mandarlo por fax.

Escribe tu reportaje aquí:

_____

_____

_____

_____

_____

_____

4. ¡El problema de las generaciones!

a) Tu madre/padre se queja de ti. Anoche no hiciste tus deberes, esta mañana no te lavaste la cara . . .

Le contestas, explicando que los hiciste el sábado pasado, te lavaste la cara ayer, etcétera . . .

Anota tus ideas aquí:

_____

_____

_____

b) Estás harto/a de tus padres. Escribes una carta a tu primo/a explicando por qué. Basa lo que escribes en lo que pasó en la primera parte de este ejercicio.

Escribe tu carta a continuación:

_____

_____

_____

_____

_____

5. Mi currículum vitae

Imagina que vas a presentarte para un empleo. Tienes que escribir una carta en la que contarás todo lo que haya sido de interés en tu vida hasta ahora. Claro, tendrás que utilizar el pretérito más que nada.

Haz un esquema de lo que piensas escribir, ya que la carta y tu currículum escribirás aparte.

_____

_____

_____

_____

preterite tense

chapter 20

Preterite and Imperfect Tenses Together

mecanismos

The preterite is used for single, completed actions in the past, either one-time actions or those taking place over a defined period of time.

The imperfect tense is used for actions in the past for which no period or moment in time is defined: repeated or habitual actions, descriptions, and actions which could be described as ongoing. It is often used as a setting or background to another action (which may be expressed in the preterite).

EJEMPLOS: *José iba por la calle cuando se cayó en un agujero enorme.*
               José was going along the road when he fell into a huge hole.

               Cuando entré en la habitación, mi padre escuchaba el radio.
               When I went into the room, my father was listening to the radio.

To sum up, it might be useful to think of the preterite being used for actions occurring at one moment in time or occupying a defined slice of time. The imperfect is used for actions, situations, or descriptions occupying an undefined period of progressing time whose beginning and ending is unknown. If in any doubt, look back at Chapters 17 and 19 before doing the following exercises.

¡ponte a punto!

1. Frases rellenas

Pon los verbos en la forma correcta del imperfecto o del pretérito.

1. Juan (*coger*) _____ el autobús todos los días.

2. María (*coger*) _____ el autobús ayer.

3. Don Fernando, lo siento, pero (*dejar*) _____ mis deberes en casa.

4. De niño, José siempre (*dejar*) _____ los libros en casa.

5. Cuando llegamos a San Salvador (*hacer*) _____ sol.

6. Ayer, después del desayuno, doña Alicia (*hacer*) _____ las camas.

7. Los lunes mi madre y yo siempre (*comer*) _____ en casa.

8. El lunes pasado, mi novia y yo (*comer*) _____ en un restaurante.

9. La nueva casa (*estar*) _____ detrás de la biblioteca.

10. Mi tío (*estar*) _____ diez días en el hospital.

2. ¡Ensalada de verbos!

He aquí diez frases más en las cuales tienes que poner dos verbos, algunos en el pretérito, otros en el imperfecto.

1. Como nosotros (*ser*) _____ pobres, (*comer*) _____ pan y nada más.

2. Mientras su mujer (*ver*) _____ la televisión, Rafael (*trabajar*) _____ en la cocina.

3. Cuando (*caer*) _____ la bomba, yo (*leer*) _____ el diario.

4. Marcelino (*ir*) _____ por vino, pero al cruzar la calle (*caerse*) _____ .

5. Los moros (*cruzar*) _____ el mar y (*conquistar*) _____ España en poco tiempo.

6. No lo (*saber*) _____ tú, pero (*dejar*) _____ la cartera en casa.

7. La casa de don Miguel (*estar*) _____ en una colina, y (*ser*) _____ muy cómoda.

8. Yo no (*tener*) _____ mucho dinero, pues (*comprar*) _____ un disco y nada más.

9. Cuando (*ser*) _____ (ustedes) jóvenes, (*estudiar*) _____ más que ahora.

10. Don Justo (*ir*) _____ todos los días por aquella calle, pero aquel día (*caerse*) _____ delante de un autobús.

preterite and imperfect

3. Situaciones

Escribe frases completas usando las siguientes sugerencias.

POR EJEMPLO: leer un libro—entrar mi hermano:
             Mientras mi madre leía un libro, entró mi padre.

1. ver la televisión—entrar mi tío _____

2. hacer los deberes—salir mi hermana _____

3. escuchar un disco—alguien llamar por teléfono _____

4. lavar los platos—romper un vaso _____

5. ir por la calle—ver un accidente _____

6. coger manzanas—caerse del árbol _____

7. jugar al fútbol—hacerse daño en el pie _____

8. subir la colina—ver un pájaro muy raro _____

9. tomar el sol en la playa—coger una insolación _____

10. estar en el jardín—oír el ruido _____

4. ¡Ya es historia!

Vuelve a escribir la siguiente historia, poniendo los verbos en el imperfecto o el pretérito.

Al otro día (*ir*) _____ a un partido de fútbol con mi hermano.

(*Hacer*) _____ mucho frío, y nos (*poner*) _____ el suéter.

(*Haber*) _____ mucha gente en el estadio cuando (*llegar*) _____,

pero pronto (*encontrar*) _____ asientos. Mientras tanto, mi hermana

(*decidir*) _____ ir al parque con sus amigas. (*Dar*) _____ de comer

a los patos, pero Maribel, que es muy estúpida, (*caerse*) _____ al agua, y las demás

(*tener*) _____ que ayudarla a salir. Maribel siempre (*decir*) _____

que (*saber*) _____ nadar muy bien, pero casi (*ahogarse*) _____.

(*Quedarse*) _____ en casa de domingo a martes y (*volver*) _____ al

instituto el miércoles por la mañana. Mi hermana (*pasar*) _____ todo el día tomándole

el pelo, (*estar*) _____ muy contenta, porque no le (*gustar*) _____

nada Maribel, que le (*criticar*) _____ todos los días. ¡La pobre Maribel

(*quedarse*) _____ muy callada!

¡...y en marcha!

1. La interrogación

Un(a) amigo/a quiere saber los detalles de tu vida familiar y personal. Cuéntale lo que hiciste ayer, y lo que hacían tus amigos y los miembros de tu familia cuando los viste.

POR EJEMPLO: **Por la mañana vi la televisión, y cuando llegó mi novia veía una película muy buena.**

Anota lo que hicieron a continuación:

_____

_____

_____

2. Correspondencia histórica

Escribe una carta en la que cuentas a un(a) amigo/a cómo pasaste las vacaciones o el fin de semana. Tendrás que usar el imperfecto y el pretérito.

Escribe la carta aquí:

_____

_____

_____

_____

_____

preterite and imperfect

chapter 21

Perfect Tense

mecanismos

The perfect tense

The perfect tense in Spanish is formed by the present tense of *haber* + the past participle.

comprar	comer	subir
he comprado	he comido	he subido
has comprado	has comido	has subido
ha comprado	ha comido	ha subido
hemos comprado	hemos comido	hemos subido
habéis comprado	habéis comido	habéis subido
han comprado	han comido	han subido

There are only a few irregular past participles:

abrir—abierto	describir—descrito
cubrir—cubierto	freír—frito
descubrir—descubierto	hacer—hecho
decir—dicho	satisfacer—satisfecho
volver—vuelto	morir—muerto
devolver—devuelto	poner—puesto
disolver—disuelto	romper—roto
resolver—resuelto	ver—visto
escribir—escrito	

and the compounds of the verbs listed above.

There is only one auxiliary verb: *haber*. The auxiliary verb and the past participle cannot be separated by pronouns to form questions: *Ud. lo ha hecho* becomes *¿Lo ha hecho Ud.?*

Used in this way, the past participle never changes. (For other uses of the past participle, see Chapter 26.)

The perfect tense is used in most cases as in English to say what has happened, what someone has done in the recent past:

¿Qué has hecho hoy?	What have you done today?
¿Has ido al partido de fútbol?	Have you been to the soccer game?

The perfect tense is not used in the sense of 'How long have you been doing something?,' where the present tense is used (see Chapters 12 and 41).

¡ponte a punto!

1. Preparativos para las vacaciones

Contesta con una frase completa a las preguntas siguientes. Si no estás seguro/a de cómo usar los pronombres, repásalos primero en el Capítulo 10.

POR EJEMPLO: —¿Has puesto tus zapatos en la maleta?
—Sí, claro que los he puesto.

1. ¿Has preparado la máquina fotográfica? _____

2. ¿Has encontrado los pasaportes? _____

3. ¿Has reservado un hotel? _____

4. ¿Has conseguido billetes para el ferry? _____

5. ¿Has visto el pronóstico del tiempo? _____

6. ¿Has dejado nuestra dirección a los vecinos? _____

7. ¿Has hecho una lista de compras? _____

8. ¿Has revisado el aceite del carro? _____

9. ¿Has cerrado todas las ventanas? _____

perfect tense

2. Cambios en España

Convierte los infinitivos en tiempo perfecto:

Desde la muerte de Franco, España (*ver*) _____ muchísimos cambios. Por

ejemplo, se (*crear*) _____ las autonomías, y éstas (*fomentar*) _____

sus idiomas regionales. Mucho poder se (*devolver*) _____ a las regiones. También

el gobierno de Felipe González, que (*ganar*) _____ cuatro elecciones generales,

(*pedir*) _____ y (*conseguir*) _____ acceso a la Comunidad

Europea. Esto (*causar*) _____ algunos problemas, pero también

(*traer*) _____ muchas ventajas. Barcelona (*ser*) _____

seleccionada para ser ciudad anfitriona de los Juegos Olímpicos y Sevilla

(*florecer*) _____ como base de la Expo 92. Las autoridades

(*decidir*) _____ construir un nuevo ferrocarril de alta velocidad, que

(*unir*) _____ Sevilla y la capital. Durante todo este tiempo, la familia real

española (*lograr*) _____ gran popularidad y se dice que el Rey

(*hacer*) _____ mucho por España. Es cierto que España

(*decir*) _____ adiós a la dictadura.

¡...y en marcha!

1. Turistas

Trabaja en parejas. Estás sentado/a en un banco en la calle en tu propia ciudad o región, hablando con un(a) turista que pasa unos días allí. Tienes que preguntarle lo que ha hecho durante su estancia, y él/ella tiene que contestar a cada pregunta.

POR EJEMPLO: —¿Ha visto usted el castillo?
  —Sí, lo he visto/No, no lo he visto.

> Verbos útiles: ver, visitar, oír, tomar, comer, probar, ir, comprar, viajar, fotografiar

Anota tus ideas aquí:

_____

_____

_____

2. Confesiones

Todos hemos hecho cosas que no debíamos haber hecho y no hemos hecho cosas que debíamos haber hecho. Comenta con tus compañeros/as tus 'pecados'—verdaderos o imaginarios—y confiésalos, empleando el tiempo perfecto, claro. ¡Cinco confesiones, cada uno!

POR EJEMPLO: **He puesto sal en la azucarera. No he comprado un regalo para el cumpleaños de mi novio/a.**

Escribe tus confesiones aquí:

_____

_____

_____

_____

_____

3. El progreso científico

Comenta con tus compañeros/as los avances que han hecho los científicos en los últimos años. ¿Qué otros avances se han hecho en la medicina, la ingeniería, la química, la electrónica u otras ciencias? Escribe una lista de los más importantes.

POR EJEMPLO: **Los médicos han descubierto cómo identificar el sexo de un bebé.**

> Verbos útiles: descubrir, inventar, encontrar, hallar, mejorar, construir, componer, desarrollar, producir, reproducir, elaborar

Anota los avances científicos aquí:

_____

_____

_____

_____

_____

_____

perfect tense

chapter 22

Pluperfect and Other Compound Tenses with *Haber*

mecanismos

The pluperfect and other compound tenses in Spanish are formed with a tense of *haber* and the past participle. The participle remains unchanged throughout.

The pluperfect tense
The pluperfect consists of the imperfect of *haber* + the past participle:

había comprado	había comido	había subido
habías comprado	habías comido	habías subido
había comprado	había comido	había subido
habíamos comprado	habíamos comido	habíamos subido
habíais comprado	habíais comido	habíais subido
habían comprado	habían comido	habían subido

It means 'had bought/eaten' and it is called the pluperfect (= more than perfect) because it tells you what had happened before the other events expressed in the perfect or, more likely, the preterite:

> *Cuando llegamos, ya habían terminado.*
> When we arrived, they had already finished.

(i.e., the "finishing" had happened before the "arriving")

The future perfect tense
The future perfect consists of the future of *haber* + the past participle:

habré habrás habrá habremos habréis habrán	comprado/comido/subido

It tells you what will have happened:

> *Habrán terminado antes de que lleguemos.*
> They will have finished before we arrive.

The conditional perfect tense

The conditional perfect consists of the conditional of *haber* + the past participle:

habría habrías habría habríamos habríais habrían	comprado/comido/subido

It tells you what would have happened:

> *Habrían terminado antes de que llegáramos.*
> They would have finished before we arrived.

The *-ra* form of the imperfect subjunctive of *haber* (*hubiera,* etc.) is often used instead of the true conditional in this tense:

> *Hubieran llegado.*   They would have arrived.

Note that both the future perfect and conditional perfect can be used to express supposition:

EJEMPLOS: *Ya habrán llegado.*   They must have arrived (by now, i.e., in the present).

Ya habrían llegado.   They must have arrived (by then, i.e., in the past).

The past anterior

The past anterior consists of the preterite of *haber* + the past participle:

hube hubiste hubo hubimos hubisteis hubieron	comprado/comido/subido

It means 'had bought/eaten' and is now a mainly literary tense, used after time expressions such as *cuando* (when), *así que/en cuanto* (as soon as), *no bien* (no sooner), *apenas* (hardly):

EJEMPLO: *Apenas hubimos llegado cuando terminaron.*
                Hardly had we arrived when they finished.

In modern speech, however, the preterite would be used:

Apenas llegamos cuando terminaron.

¡ponte a punto!

1. La capital más céntrica del mundo

Pon el verbo en el tiempo compuesto que le corresponda:

Antes del reinado de Felipe II en el siglo XVI, Madrid (*ser*) _____ un pueblo de poca importancia. Antes de su reinado los reyes de España (*tener*) _____ sus cortes en varias ciudades del país. Cristóbal Colón, por ejemplo, (*ir*) _____ a Barcelona para consultarse con la Reina Isabel. Es de suponer que a Colón esto no le (*gustar*) _____ nada, puesto que (*tener*) _____ que dejar todo su equipo en el suroeste de España. Pero (*ser*) _____ necesario cumplir con la voluntad real.

Ya durante los siglos siguientes, Madrid (*aumentar*) _____ bastante su tamaño, y se (*hacer*) _____ una ciudad importante. Pero ¿cómo (*poder*) _____ decidir Felipe II construir una ciudad capital en un terreno tan inclemente? Claro que la mayoría de las capitales del mundo se (*construir*) _____ en un río importante, pero Madrid no. Efectivamente, el río Manzanares hasta tiempos muy recientes no (*ser*) _____ más que un cauce seco durante lo más del año y nunca (*pasar*) _____ por el centro como en otras capitales.

2. Mamá se preocupa

John va a visitar a su tía en México. Traduce las preocupaciones de su madre al español, empleando tiempos compuestos:

1. *I wonder if he has arrived yet?*

   _____

2. *I wonder if the plane was on time?*

   _____

3. *I wonder if he packed his socks?*

   _____

4. *Will he have been airsick?*

   _____

5. *Will the plane have been diverted if it's foggy?*

   _____

6. *I wonder if my sister was there to meet him?*

   _____

7. *Will he have remembered to give her the present?*

   _____

8. *I wonder if he has taken enough money?*

   _____

9. *Would it have been better to have taken traveler's checks?*

   _____

10. *I wonder what he will have said to his aunt?*

   _____

¡. . . y en marcha!

1. ¿Te acuerdas . . . ?

Estás ayudando a una víctima de un accidente a acordarse de lo que había hecho antes del accidente. Trabajando en parejas, uno/a hace las preguntas, el otro/la otra contesta.

POR EJEMPLO:　—¿A qué hora habías salido de casa?
　　　　　　　—Había salido sobre las seis.

Sigue haciendo preguntas sobre lo que había hecho: *¿Qué? ¿Quién? ¿Con quién? ¿Cómo? ¿Por qué? ¿Cuándo? ¿Dónde? ¿De dónde?*

Anota algunas preguntas aquí:

_____

_____

_____

pluperfect and other tenses

2. Conjeturas

Tu mejor amigo/a y su familia se han ido de vacaciones a dar la vuelta al mundo. Tú y tus compañeros están celosos. Están conjeturando lo que habrán hecho hasta ahora.

Por ejemplo: **Habrán visitado la Gran Barrera Coralina en Australia.**

¿Qué otras cosas habrán hecho?

Escribe otras conjeturas a continuación:

_____

_____

_____

_____

3. Más conjeturas

¿Qué habrías hecho tú si hubieras dado la vuelta al mundo?

Piénsalo y escribe lo que habrías hecho aquí:

_____

_____

_____

_____

_____

_____

chapter 23

Modal Auxiliaries: Must/Ought/ Should/Could

mecanismos

Must

The idea of 'having to' or 'must' can be conveyed by a number of expressions in Spanish:

a) *tener que* + infinitive

> *Tenemos que comer para vivir.*
> We have to/must eat in order to live.

b) *deber* + infinitive

> *Debes ir en seguida.*
> You have to/must/should go immediately.

c) *haber de/hay que* + infinitive

> *Has de estudiar mucho.*   You have to/must study a lot.

This use is not very common, but *hay que* is fairly commonly used where an impersonal expression is needed.

> *Hay que estudiar mucho.*   One has to study a lot.

d) 'Must' with the idea of probability is expressed by the expression *deber de* + infinitive

> *Deben de ser las once y media.*   It must be eleven thirty.

> *Debe de haber ido con José.*   She must have gone with José.

Note that the *de* is often omitted.

Ought/should

Be careful with 'should': it can mean the same as 'would,' but here we are concerned with it when it means the same as 'ought.'

Use the conditional of *deber*:

> *Deberías ir a ver a un médico.*
> You should go and see a doctor/You ought to go and see a doctor.

Could

'Could' may be the conditional or the past tense of 'can.' To be sure, convert it into terms of 'to be able,' and then use the appropriate Spanish tense:

a) 'You couldn't do that (even) if you tried' (= 'You wouldn't be able to do that (even) if you tried,' i.e., conditional):

> *No podrías hacerlo aunque trataras.*

b) 'I tried to do it but I couldn't' (= 'I tried to do it but I wasn't able,' i.e., past tense, imperfect or preterite according to sense):

> *Traté de hacerlo pero no pude/podía.*

Ought to have/should have

a) The simplest way to say what you ought to have or should have done, referring to a circumstance some time in the past, is to use the imperfect of *deber* + the infinitive of *haber* + the past participle:

> *Debías haber venido antes.*
> You ought to have/should have come earlier (but you didn't, so there's nothing that can be done about it now).

b) If the circumstance is still applicable in the present, use the conditional or the *-ra* imperfect subjunctive of *deber* + the infinitive of *haber* + past participle:

> *Deberías/Debieras haber contestado a la carta.*
> You ought to have answered the letter (i.e., you have not yet done it, but still could).

c) An alternative way of expressing this last example is to use *habrías/hubieras debido* + infinitive:

> *Habrías/hubieras debido contestar a la carta.*

Could have

a) Use the imperfect of *poder* + the infinitive of *haber* + past participle to express what could have happened but didn't happen:

> *Podía haber venido a vernos.*
> He could have (was able to) come and see us (but didn't).

b) Use the conditional of *poder* + the infinitive of *haber* + past participle to express the possibility of what could/might have happened:

> *Podrían haber visto lo que hacíamos.*
> They could have seen (would have been able to see) what we were doing. (This just states the possibility, without comment or implication.)

c) *Habrían/Hubieran podido ver* is also possible for 'They could have seen/would have been able to see.

¡ponte a punto!

1. Visitas a México

Completa las frases siguientes:

1. (*you could go*) _____ a la ciudad de México la semana que viene.

2. (*you ought to visit*) _____ el Zócalo.

3. También (*you should see*) _____ la Plaza de las tres culturas.

4. Nosotros (*we could have gone*) _____ al ballet folklórico la semana pasada pero (*we couldn't*) _____ conseguir entradas.

5. (*we ought to have gone*) _____ antes.

6. (*we should have known*) _____ que estaría completo.

7. (*we could have booked*) _____ asientos hace semanas.

2. Obligaciones y probabilidades

Traduce las frases siguientes al español con la expresión más apropiada.

1. *He must have left by now.*

   _____

2. *We have to leave before ten o'clock.*

   _____

3. *You will have to be quick to catch that train.*

   _____

4. *That must have been quite a problem for you.*

   _____

5. *The Spanish no longer have to do military service a long way from home.*

   _____

6. *The Bolivian team must have had a bad day.*

   _____

7. *It must be raining outside. I can see people with umbrellas.*

   _____

8. *You will have to take your raincoat with you.*

   _____

9. *You really must learn to respect the law.*

   _____

10. *It must have been quite a difficult exercise!*

   _____

modal auxiliaries

3. Oportunidades perdidas

Una madre americana se queja de su hijo a una madre mexicana. Tienes que explicarle a la madre mexicana lo que dice la americana:

1. *He could have studied more.*

   _____

2. *He shouldn't have worked so much at the supermarket.*

   _____

3. *He could have worked on Saturdays only.*

   _____

4. *He could have woken up earlier.*

   _____

5. *He shouldn't have spent so much time with that girl.*

   _____

6. *He ought to realize that he needs to pass his exams.*

   _____

7. *He could repeat the course again next year, of course.*

   _____

8. *He could pass Spanish if he tried.*

   _____

9. *He tried to study French but he couldn't do it.*

   _____

10. *I should have been more sympathetic, but I tried and couldn't.*

   _____

¡ . . . y en marcha!

1. ¡Fuego!

Incendio en un apartamento limeño

Ayer una familia limeña por poco muere carbonizada. Se escaparon todos de su apartamento al momento mismo que éste se convirtió en una bola de llamas. Parece que un vecino había visto pocos minutos antes cables eléctricos con el metal expuesto, ropa secando junto a la estufa eléctrica, una sartén de aceite hirviendo sobre la cocina, un montón de papeles encima del televisor, colillas de cigarrillos humeando en la alfombra, y ni un solo detector de humo. ¡Todo un incendio esperando su momento para estallar!

Comenta con tus compañeros/as cómo los dueños del apartamento limeño podían haber evitado el incendio. ¿Qué podían haber hecho?

¿Cuáles son las medidas que se deberían tomar para evitar la posibilidad de incendio?

Escribe tus sugerencias a continuación:

_____

_____

_____

_____

_____

2. En el cole

No estás contento/a con la organización en tu colegio. ¿Qué deberían hacer las autoridades para que fuera un sitio más atractivo? Y los estudiantes, ¿como pueden Uds. ayudar en este propósito?

Estás contento/a con la manera en que se organiza la enseñanza en general en tu país? A tu modo de ver, ¿qué cambios deberían hacer las autoridades gubernamentales locales? ¿Hay cambios que deberían haber hecho hace mucho tiempo?

Anota tus opiniones y sugerencias a continuación:

_____

_____

_____

_____

_____

3. Medio ambiente

Estudia un aspecto del medio ambiente que te interese y considera las medidas que se podrían o se deberían tomar para su conservación. Por ejemplo, si te preocupa el tema de la capa de ozono, considera lo que ha ocasionado la situación actual y explica lo que no debíamos haber hecho para causarla. Luego sugiere lo que podríamos o deberíamos hacer para mejorar la situación.

POR EJEMPLO: **No debíamos haber usado tantos aerosoles. Deberíamos limitar el uso de los carros.**

Anota tus ideas aquí:

_____

_____

_____

_____

_____

modal auxiliaries

chapter 24

Impersonal Verbs

mecanismos

There are a number of verbs, such as *gustar,* which work 'back to front' when compared with their English equivalents:

EJEMPLO: *Me gusta mucho el chocolate.*

Gustar

In practice, the English object is the Spanish subject, and therefore if you like something plural, the verb is plural in Spanish:

Me gustan los chocolates.   I like chocolates (chocolates please me).

As this concept seems to cause problems for English speakers, study the following table carefully:

(A mí) me gusta el teatro	I like the theater/I like movies
(A mí) me gustan las películas	
(A ti) te gusta el teatro	You like . . .
(A ti) te gustan las películas	
(A él) le gusta el teatro	He likes . . .
(A él) le gustan las películas	
(A ella) le gusta el teatro	She likes . . .
(A ella) le gustan las películas	
A mi novio/a le gusta el teatro	My boy/girlfriend likes . . .
A mi novio/a le gustan las películas	
(A usted) le gusta el teatro	You like . . .
(A usted) le gustan las películas	
(A nosotros) nos gusta el teatro	We like . . .
(A nosotros) nos gustan las películas	
(A vosotros) os gusta el teatro	You like . . .
(A vosotros) os gustan las películas	
(A ellos/ellas) les gusta el teatro	They like . . .
(A ellos/ellas) les gustan las películas	
A mis amigos les gusta el teatro	They like . . .
A mis amigos les gustan las películas	
(A ustedes) les gusta el teatro	You like . . .
(A ustedes) les gustan las películas	

The *a mí, a ti . . .* in parentheses is often put in for emphasis. Remember that the English subject is the indirect object in Spanish, and this is why there is no differentiation between masculine and feminine:

> *Le gusta* = He/She likes

So where there is a noun subject in English (My friends like . . .), this is expressed as the indirect object in Spanish, preceded by '*a*':

> *A mis amigos les gusta . . .*

When you want to say you like doing something, use the infinitive:

> *¿Te gusta bailar?*   Do you like dancing?

Don't forget that this verb is almost always used only in the third person, in all tenses:

> *No te gustó la película, verdad?*   You didn't like the movie, did you?
>
> *Qué te gustaría hacer ahora?*   What would you like to do now?

Other Spanish verbs which work in a similar way are:

> *encantar:*
> *Me encanta la música.*
> I love music.
>
> *interesar:*
> *No nos interesa el teatro.*
> We're not interested in theater.
>
> *emocionar:*
> *A mi hermana le emocionan las películas de miedo.*
> My sister is thrilled by horror films.
>
> *entusiasmar:*
> *A nuestra profesora le entusiasman los carros antiguos.*
> Our teacher is crazy about old cars.
>
> *apetecer:*
> *¿Te apetece tomar un café?*
> Do you feel like a cup of coffee? (Would you like . . .)
>
> *quedar:*
> *A Enrique le quedaba muy poco dinero.*
> Henry had very little money left.
>
> *faltar:*
> *A la casa le faltaban todos los cristales.*
> The house was missing/lacked all its windowpanes.

impersonal verbs

sobrar:
Nos sobra tiempo.
We've got plenty of time (more than enough time).

doler:
Me duelen las muelas.
I've got a toothache.

¡ponte a punto!

1. El pasado y el futuro de mi educación

Rellena los espacios en blanco con un verbo de los siguientes:

me apetecería	me dolería	me interesa	me sobran
me faltan	me gustaría	me encantan	me interesan
me gustaban	me queda		

Cuando tenía 14 años, no (1) _____ nada las matemáticas. A los 16 años tuve que

decidir qué asignaturas (2) _____ seguir estudiando. Escogí el español entre otras

porque (3) _____ las lenguas. Ahora (4) _____ entrar en la

universidad. El problema es que todavía (5) _____ las calificaciones necesarias.

El otro problema es que (6) _____ poco tiempo para conseguirlas.

(7) _____ los consejos de mis amigos y familiares, pero no (8) _____

algunos de los cursos que ofrecen las universidades. No (9) _____ seguir un curso que

encontrara aburrido. Pues (10) _____ la cabeza.

2. ¡Estas expresiones idiomáticas!

Explica a un(a) amigo/a cómo se dicen las expresiones siguientes en español:

1. *Mike doesn't like ham.* _____

2. *Peter didn't like the movie.* _____

3. *Sandra loves playing tennis.* _____

4. *Andrew isn't interested in working here.* _____

5. *Our children feel like going to Costa Rica this year.* _____

6. *My father doesn't care for gardening.* _____

7. *Barbara was thrilled by that book.* _____

8. *There are no more copies left.* _____

9. *Grandma has more than enough money.* _____

10. *That car had two wheels missing.* _____

11. *Maria's legs hurt.* _____

¡. . . y en marcha!

1. La comida

Con tus compañeros/as piensa en varios platos americanos, españoles, mexicanos y de otras nacionalidades, y di hasta qué punto te gustan, empleando:

no me gusta(n) (nada); no me gusta(n) mucho; me gusta(n) mucho/muchísimo/bastante/un poco; me encanta(n)

POR EJEMPLO: **Me gustan muchísimo los espaguetis en salsa de tomate.**

Haz una encuesta de los gustos de tus compañeros/as seguida por un reportaje oral o escrito.

POR EJEMPLO: **A Daniel le gustan las zanahorias pero las papas no.**
A Linda le encantan las ensaladas pero no le apetece comer carne.

Anota tus gustos—y los de los otros estudiantes—aquí:

_____

_____

_____

_____

_____

2. Actividades preferidas

Otra encuesta. Pregunta a cada uno de los otros estudiantes y a tu profesor(a) cuáles son las tres actividades de ocio que más les gustan. Luego haz un reportaje sobre lo que te han dicho.

POR EJEMPLO: **En sus ratos libres, a mi profesor de español le gusta ir a la piscina, hacer carpintería y viajar por Sudamérica.**

Escribe el reportaje aquí:

_____

_____

_____

_____

_____

impersonal verbs

3. El fin de semana

Es viernes por la tarde. Usando varios de esos verbos impersonales, haz preguntas a tus compañeros/as sobre sus proyectos para el fin de semana.

POR EJEMPLO: —¿Te apetece ir a la discoteca esta noche?
                     —Sí, me apetece/No, no me apetece.
                     —¿Te interesa ver un partido de fútbol mañana por la tarde? . . .

Escribe las preguntas que piensas hacerles aquí:

_____

_____

_____

_____

chapter 25

Prepositions and the Infinitive

mecanismos

A number of verbs can be followed by another verb in the infinitive form. In some cases the verb links directly to a following infinitive, and others take *a* or *de,* or more unusually, other prepositions.

EJEMPLOS: *Deseo hablar con mi novia.*
I wish to speak to my girlfriend.

Queremos aprender a volar.
We want to learn to fly.

Los atletas acaban de llegar.
The athletes have just arrived.

Papá insiste en quedarse en casa.
Dad insists on staying at home.

¡Hay que sacar buenas notas!
It's necessary to get good grades.

The lists which follow give the most common verbs. For a more complete list, consult a more detailed grammar book.*

---

*For example: *Complete Handbook of Spanish Verbs* (Passport Books, a division of NTC Publishing Group).

a) The following verbs are followed directly by an infinitive with no intervening preposition:

aconsejar	to advise	*oír*	to hear . . . -ing
acordar	to agree to	*olvidar*	to forget to
amenazar	to threaten to	*ordenar*	to order to
anhelar	to long to	*parecer*	to seem to
confesar	to confess to	*pedir*	to ask to
conseguir	to succeed in	*pensar*	to plan to/intend to
creer	to believe	*permitir*	to allow to
deber	to have to/must/ought	*poder*	to be able to
decidir	to decide to	*preferir*	to prefer to
dejar	to let/allow	*pretender*	to try to
desear	to want/wish to	*procurar*	to try hard to
esperar	to hope/expect/wait	*prohibir*	to forbid . . . to
evitar	to avoid . . . -ing	*prometer*	to promise to
fingir	to pretend to	*querer*	to want to
hacer	to make	*recordar*	to remember to
imaginar	to imagine . . . -ing	*rehusar*	to refuse to
intentar	to try to	*resolver*	to resolve to
jurar	to swear to	*saber*	to know how to
lograr	to manage to/succeed in	*sentir*	to be sorry to
mandar	to order to	*soler*	to be accustomed to
necesitar	to need to	*temer*	to fear to
negar	to deny	*ver*	to see . . . -ing
ofrecer	to offer to		

b) The following verbs are followed by *a* + an infinitive:

acertar a	to manage to	*incitar a*	to incite to
acostumbrar a	to be accustomed to	*inclinar a*	to incline to
alcanzar a	to manage to	*invitar a*	to invite to
animar a	to encourage to	*ir a*	to be going to
aprender a	to learn to	*limitarse a*	to limit oneself to
atreverse a	to dare to	*llegar a*	to end up (-ing)
ayudar a	to help to	*llevar a*	to lead to
comenzar a	to begin to	*mandar a*	to send to
comprometerse a	to undertake to	*meterse a*	to begin to
conducir a	to lead to	*negarse a*	to refuse to
contribuir a	to contribute to	*obligar a*	to oblige to
convidar a	to invite to	*pasar a*	to go on to
decidirse a	to decide to/make up one's mind to	*persuadir a*	to persuade to
dedicarse a	to devote oneself to	*ponerse a*	to begin to/set about (-ing)
desafiar a	to challenge . . . to	*precipitarse a*	to rush to
disponerse a	to get ready to	*prepararse a*	to get ready to
echarse a / *empezar a*	to begin to	*resignarse a*	to resign oneself to
		resistirse a	to resist
enseñar a	to teach to	*tender a*	to tend to
forzar a	to force to	*volver a*	to (do something) again
impulsar a	to urge to		

c) The following verbs are followed by *de* + the infinitive:

acabar de	to have just	*guardarse de*	to take care not to
acordarse de	to remember	**haber de*	to have to
acusar de	to accuse of	*hartarse de*	to be fed up with
alegrarse de	to be pleased to	*jactarse de*	to boast of
avergonzarse de	to be ashamed of	*olvidarse de*	to forget to
cansarse de	to tire of	*parar de*	to stop (-ing)
cesar de	to stop (-ing)	*presumir de*	to boast about (-ing)
cuidar de	to take care to	*terminar de*	to stop (-ing)
*deber de	to have to/must (supposition)	*tratar de*	to try to
dejar de	to stop (-ing)		
disuadir de	to dissuade from		
encargarse de	to take charge of		

*(See Chapter 23.)

d) The following take other prepositions (*en, por, con*) before a following infinitive:

consentir en	to consent to	*persistir en*	to persist in
consistir en	to consist of	*quedar en*	to agree to
convenir en	to agree to	*tardar en*	to take a long time (-ing)
dudar en	to hesitate to	*esforzarse por*	to struggle to
hacer bien en	to be right to	*estar por*	to be in favor of
hacer mal en	to be wrong to	*luchar por*	to struggle for
insistir en	to insist on	*optar por*	to opt for
interesarse en	to be interested in	*amenazar con*	to threaten to
pensar en	to think about		

e) Note two very commonly used verbs which take *que* + infinitive:

tener que	to have to
hay que	it is necessary to

The infinitive is also used after several subordinating prepositions: *al, hasta, para, por, sin, antes de, después de.* However, these can only be followed by an infinitive if there is no change of subject, otherwise the appropriate form of finite verb must be used.

EJEMPLO: *Seguiré trabajando hasta terminarlo.*
            I shall work until I finish it.

But

Seguiré mirándolo hasta que acabe.   I shall watch him until **he** finishes.

Hice esto para ayudarte.   I did this to help you.

But

Te llamé para que me ayudaras.   I called you to help me (so that **you** would help me).

Lo hizo sin querer.   He did it without meaning to.

But

Lo hizo sin que yo lo quisiera.	He did it without **my** wanting him to.
Vamos a visitarla antes de regresar.	Let's visit her before going home.

But

Vamos a visitarla antes de que se vaya.	Let's visit her before **she** goes.

(See also Chapter 34 on the subjunctive of futurity.)

¡ponte a punto!

1. Las vacaciones

En las siguientes frases se usan algunos de los verbos que figuran en las listas. Tienes que poner *a, de, en, por,* etcétera—si hace falta.

1. El año pasado, mi padre decidió _____ pasar las vacaciones en la República Dominicana.

2. Empezó _____ informarse sobre el viaje, los hoteles y las playas.

3. Mi madre prefirió _____ ir en barco, y no en avión.

4. Los dos se dedicaron _____ finalizar los detalles.

5. Por fin nos preparamos _____ salir.

6. No pudimos _____ coger el barco desde Miami, a causa de un incendio a bordo de uno de los buques.

7. Por eso, papá decidió _____ tomar un vuelo.

8. Al día siguiente logramos _____ llegar al aeropuerto a tiempo.

9. Poco después de aterrizar en Santo Domingo, nos fuimos al hotel y pronto comenzamos _____ broncearnos y a pasarlo bien.

10. Después de dos semanas de divertirnos, nos dispusimos _____ volver a casa.

2. Los exámenes

Rellena los espacios en blanco con el verbo que mejor convenga de la lista que se da abajo; no olvides poner *a, de,* etc.—si hace falta—entre el verbo y el infinitivo.

Hace un año ya, (1) _____ hacer los exámenes de S.A.T. Después de varios años de

estudio, por fin (2) _____ poner a prueba todo lo que sabía. Durante las últimas

semanas, (3) _____ repasar todas mis asignaturas, y sólo (4) _____

estudiar para comer y beber. El hecho es que (5) _____ sacar notas bastante buenas, pues (6) _____ pedir el ingreso en la Facultad de Medicina, porque

(7) _____ ser médico.

Había (8) _____ evitar todos los quehaceres de casa, lo que les enojó a mis padres,

pero había (9) _____ dedicarme totalmente a mis estudios.

Por fin llegaron los exámenes, y (10) _____ hacer lo mejor que podía. Todos los

días (11) _____ estudiar durante dos o tres horas por la tarde, y a acostarme temprano.

Después de los exámenes, (12) _____ esperar los resultados.

Afortunadamente, (13) _____ sacar buenas notas. En efecto, me

(14) _____ entrar en la Facultad de Medicina, y mis padres me

(15) _____. Mis profesores me (16) _____ estudiar cuatro

asignaturas, pero yo (17) _____ estudiar cinco.

¡A ver si así (18) _____ la carrera pronto! ¡Otra vez (19) _____

estudiar!

aconsejar	dejar	esperar	necesitar	resignarse
comprometerse	desear	felicitar	optar	tener
decidir	disponerse	invitar	prepararse	terminar
dedicarse	esforzarse	lograr	querer	

3. Sustituciones

Escribe una nueva versión de las siguientes frases, sustituyendo una de las expresiones que se explican en la última parte de *Mecanismos*: *al, hasta, para, por, sin, antes de, después de.*

1. Cuando llegué a casa, preparé la cena.

   _____

2. Veré el partido, pero dejaré de hacerlo cuando vea el primer gol.

   _____

3. Compré este regalo; voy a dárselo a mi novia.

   _____

4. Volví a casa inmediatamente porque perdí la cartera.

   _____

5. Llegué al cole, pero no vi a mi amigo.

   _____

6. Vamos a pararnos a tomar algo de beber; luego iremos a casa.

   _____

7. Iremos al cine, y luego iremos al restaurante.

   _____

¡...y en marcha!

1. Intenciones y razones

a) Habrás notado que muchos de los verbos de las listas expresan deseos, obligaciones e intenciones, y que otros expresan razones o explicaciones. Cuéntales tus intenciones a tus amigos/as. Te preguntarán por qué vas a/quieres/tienes que hacerlo. Contesta a esta pregunta, dando una razón empleando otro de los verbos que se mencionan en este capítulo.

POR EJEMPLO: —**Mañana quiero ir a Caracas.**
—**¿Por qué?**
—**Pues, prometí visitar a mi amiga.**

b) Escribe una serie de frases de este tipo, expresando tus intenciones y dando las razones.

POR EJEMPLO: **Necesito comprar un regalo para mi novia para ayudarla a olvidar lo que ocurrió ayer.**

Escribe las frases aquí:

_____

_____

_____

_____

_____

c) Escribe 100 palabras sobre tus ambiciones para el futuro, usando uno de estos verbos en cada frase. Una cosa: ¡no debes usar el mismo verbo más de una vez!

Escribe sobre tus ambiciones a continuación:

_____

_____

_____

_____

_____

_____

_____

_____

2. Huevos y tortillas

A lo mejor, habrás oído alguna vez el siguiente refrán:

'No se puede hacer una tortilla sin romper huevos'.

Trata de inventar otros refranes nuevos del mismo estilo. También podrías sugerir posibles temas a tus compañeros/as: a ver si saben inventar un nuevo refrán. Algunos serán quizá un poco controvertidos, otros podrían tener un tema ecológico.

POR EJEMPLO:　**No se puede comer carne sin matar a un animal.**
No se puede hacer papel sin cortar árboles.
No se puede fabricar un automóvil sin producir residuos tóxicos.

Anota algunos refranes aquí:

_____

_____

_____

_____

_____

Si quieres, puedes escribir 50 palabras sobre este tema a continuación, empleando unas cuantas frases con la misma estructura.

_____

_____

_____

_____

3. El sabueso[1] y el sospechoso

Un día, al llegar a casa, encuentras a un detective que te espera en el umbral de tu puerta. Al parecer, ha habido una serie de asesinatos y atracos en tu pueblo y ¡sospechan de ti! Un(a) compañero/a de clase será el detective: te hará una serie de preguntas sobre lo que has hecho durante el día. Tienes que contestar como mejor puedas. Los dos tienen que usar las siguientes estructuras: *antes de* + infinitivo, *después de* + infinitivo, *sin* + infinitivo.

POR EJEMPLO:　—¿Qué hizo usted esta mañana después de salir de casa?
—Pues, fui al colegio y llegué a las nueve.
—¿Qué hizo al llegar?
—Fui a la clase de inglés. Después de la clase, fui al patio de recreo
a buscar a mis amigos.
—¿Qué hizo antes de comer al mediodía?
—Fui a hablar con el director. Después de salir de su despacho, fui
inmediatamente al comedor. Al entrar, vi el cadáver del cocinero . . .

---

[1]Detective.

Una vez terminada la interrogación, tienes que escribir tu declaración. ¿Eres inocente, o no?

Escribe tu declaración aquí:

_____

_____

_____

_____

_____

_____

_____

chapter 26

Participles and Gerunds

mecanismos

There are two types of participles: the present participle, or 'gerund,' and the past participle. These two types of verb forms may seem to be similar, but they differ substantially in function and should not be confused.

Past participles

The past participle is used to form compound tenses such as the perfect and pluperfect tenses (see Chapters 21 and 22):

EJEMPLOS: *He perdido mi cartera.*
I've lost my wallet.

Dijo que había perdido su cartera.
She said she had lost her wallet.

But the past participle can also be used as an adjective, following the normal rules of agreement:

EJEMPLO: *La cartera perdida es de cuero negro.*
The lost wallet is made of black leather.

Present participles or 'gerunds'

Most Spanish grammar books refer to *el gerundio* as 'the gerund,' rather than 'the present participle.' This is probably because it cannot be used as an adjective as in other languages ('running water') and never changes its ending to agree with any other part of speech. To be consistent with other grammars you may use, we call it 'the gerund' throughout this book.

The gerund has a verbal function meaning 'while . . .' or 'by . . . ing':

EJEMPLOS: *Viajando por la Mancha, vimos muchos molinos de viento.*
While traveling through la Mancha, we saw lots of windmills.

Abriendo la ventana, se ve un panorama magnífico.
By opening the window you can see a magnificent view.

The gerund can also be used with the verb *estar* to form the present continuous tense (see Chapter 18):

Manuel está trabajando en la biblioteca.   Manuel is working in the library.

A gerund cannot be used as an adjective, and so has no agreement with a noun, nor can it be used as a verbal noun. This means that it cannot be used for 'I like swimming,' for example. Where an adjective is needed to convey the idea of '. . . ing,' most Spanish verbs have a version ending in *-ante/-iente*, or *-adora(a)/-edor(a)/-idor(a)* based on the infinitive:

EJEMPLOS: *agua corriente*   running water

            un ruido ensordecedor   a deafening noise

The only way to find out whether a verb has one of these forms at all, and if so which one, is to look in a dictionary. Sometimes another type of adjective entirely may be needed to translate an adjective which ends in '. . . ing' in English.

The verbal noun function in Spanish is performed by the infinitive as in the following examples (see Chapter 24):

Me gusta nadar . . .
I like swimming . . .

. . . pero mi hermano no sabe nadar muy bien.
. . . but my brother can't swim very well.

¡ponte a punto!

Traducción

Traduce las siguientes frases al español pero ten cuidado con las palabras que terminan con '*-ing*' en inglés.

Last summer, my sister and I were feeling adventurous, so we decided to take a hiking trip through Colorado. On our first day, after walking for about ten miles, our legs were tired and we felt like sleeping for a week, so we started looking for a youth hostel. Unfortunately, we had forgotten to bring our youth hostel map, which I had left on the kitchen table at home! After another hour of walking, we found a hostel by a river. When we went in, a pleasant girl was booking a room, so we watched the river flowing by while waiting. After booking two rooms with running water, we went to the kitchen to prepare our supper, and then sat down to watch television before going to bed at ten o'clock. We were exhausted by our first day of hiking, but convinced that we were going to enjoy the rest of our vacation exploring this part of Colorado.

Escribe la traducción a continuación:

_____

_____

_____

_____

_____

_____

_____

_____

_____

_____

_____

¡...y en marcha!

Ahora escribe un párrafo original que detalle lo que has estado haciendo últimamente. ¡No te olvides de incluir tantos participios y gerundios como puedas!

_____

_____

_____

_____

_____

chapter 27

Imperatives

mecanismos

The imperative or 'command form' of the verb is used to express direct orders. Each imperative form is based on the present tense of the verb. Because Spanish has four ways of saying 'you,' there are four positive (DO!) and four negative (DON'T!) forms.

Positive familiar commands

a) The positive command for *tú* is almost the same as the present tense *tú* form of the verb—just take away the *-s*:

    hablas → habla   *comes → come*   *subes → sube*

Irregular forms are as follows:

    decir → di   *poner → pon*   *tener → ten*
    hacer → haz   *salir → sal*   *venir → ven*
    ir → ve   *ser → sé*

and also compounds of these verbs.

b) For the positive command in the *vosotros* form, take the infinitive of the verb and replace the *-r* with *-d*:

    hablar → hablad   *comer → comed*   *subir → subid*

Positive formal commands

The positive command for *usted* and *ustedes* uses the appropriate form of the present subjunctive:

    hablar → hable (Ud.)   *comer → coma (Ud.)*   *subir → suba (Ud.)*
           hablen (Uds.)   *coman (Uds.)*   *suban (Uds.)*

As you can see, you just need to take the *usted* or *ustedes* form and change '*a*' to '*e*,' or '*e*' to '*a*.'

Negative commands

All negative commands use the present subjunctive as follows:

a) Familiar:

no hables	*no comas*	*no subas*
no habléis	*no comáis*	*no subáis*

b) Formal:

no hable (Ud.)	*no coma (Ud.)*	*no suba (Ud.)*
no hablen (Uds.)	*no coman (Uds.)*	*no suban (Uds.)*

As you can see, all *'usted'* and *'ustedes'* commands and all negative commands use the subjunctive; only the *'tú'* and *'vosotros'* positive commands have separate forms.

Object pronouns with imperatives

Object pronouns and reflexive pronouns are attached to the end of positive commands but precede negative commands as with other parts of the verb. Note that where they are attached to the end of positive commands, a written accent is needed to maintain the original stress.

cómelo	*comedlo*	*cómalo*	*cómanlo*	eat it
háblame	*habladme*	*hábleme*	*háblenme*	talk to me
levántate	*levantaos*	*levántese*	*levántense*	get up
no lo comas	*no lo comáis*	*no lo coma*	*no lo coman*	don't eat it
no me hables	*no me habléis*	*no me hable*	*no me hablen*	don't talk to me
no te levantes	*no os levantéis*	*no se levante*	*no se levanten*	don't get up

Note that the *vosotros* command of a reflexive verb loses its '*d*' before the pronoun *-os,* with the one exception of *ir*: *idos* (go away).

Other ways of expressing commands

a) *que* with the appropriate part of the present subjunctive can be used to express a command for any person, a kind of encouragement to do something.

EJEMPLOS:

¡Que te mejores pronto!	Get better soon!
¡Que saquéis todos buenas notas!	Make sure you all get good grades!
¡Que no nos vea mamá!	Mom had better not see us!

b) Infinitives are often used to express commands, especially on warnings, notices, and in instructions, such as in recipes:

No asomarse por la ventanilla.	Don't lean out of the window.
Lavar y pelar las patatas.	Wash and peel the potatoes.

c) The command 'let's . . .' is expressed by using *vamos a* + the infinitive:

Vamos a ver lo que pasa.   Let's see what is going on.

¡ponte a punto!

1. La tortilla española

He aquí unas instrucciones para hacer una tortilla española. Los verbos vienen en la forma del infinitivo:

Tomar medio kilo de papas, una cebolla y seis huevos. Lavar y pelar las papas, y cortarlas en trozos. Cortar la cebolla en trozos. Cascar y batir los huevos en una fuente grande y añadir sal y pimienta. Poner 4 cucharadas generosas de aceite en una sartén, y calentar: añadir las papas y freírlas un poco. Luego echar la cebolla picada. Cuando estén las papas y la cebolla esté dorada, echar los huevos y mezclarlos con los otros ingredientes. Cuando esté la tortilla por un lado, darle la vuelta, añadir un poco más de aceite en la sartén y seguir friendo hasta que esté hecha. Servir caliente o fría.

a) Cámbialos a la forma del imperativo de 'tú.'

_____

_____

_____

_____

_____

_____

b) Luego repítelo usando 'usted.'

_____

_____

_____

_____

_____

c) Ahora tienes que usar las instrucciones para explicar a unos amigos cómo se prepara una tortilla española. Tienes que cambiar los verbos a la forma plural del imperativo (vosotros).

_____

_____

_____

_____

_____

_____

_____

2. El modo de empleo

Esta serie de frases describe lo que se tiene que hacer para utilizar varios productos—o sea el 'modo de empleo.' Cambia los verbos a la forma del imperativo de 'usted.'

1. Conservar el producto en una nevera. _____

2. Mantener el producto bien frío. _____

3. No lavar esta prenda en agua caliente. _____

4. Servir la salsa con arroz o macarrones. _____

5. No dejar al sol. _____

¡. . . y en marcha!

1. El atracador

Imagina que eres atracador, y que un(a) compañero/a de clase es tu primera víctima. Dile lo que quieres que haga, utilizando el imperativo. Puedes ser un atracador cortés, utilizando las formas del usted, o menos formal, utilizando las formas del tú.

POR EJEMPLO: ¡Déme todo su dinero!/¡Dame todo tu dinero!
¡Enséñeme su reloj!/¡Enséñame tu reloj!
¡Quítese ese abrigo!/¡Quítate ese abrigo!

Anota lo que vas a decirle aquí:

_____

_____

_____

_____

imperatives

2. El nuevo empleado/La nueva empleada

Tú eres dueño/a de empresa, o jefe de un departamento. Tu compañero/a de clase es el nuevo empleado/la nueva empleada. Tienes que explicarle exactamente lo que tiene que hacer:

POR EJEMPLO: (Camarera)   **Pon las mesas, prepara los menús, llena los jarros de agua fresca . . .**

(Cartero)   **Pon las cartas según el número de las casas, ponlas en tu cartera, llévalas a las casas . . .**

Otras posibilidades: cocinero/a, labriego/a, dependiente, albañil, taxista, cobrador(a) de autobús, barrendero/a, recepcionista, azafata.

Organiza tus ideas aquí:

_____

_____

_____

_____

_____

3. La visita

Tu amigo/a argentino(a) va a pasar las vacaciones en tu casa. Escríbele una carta, dándole una serie de instrucciones para ayudarle a organizar el viaje y a encontrar tu casa. Dile también lo que debería traer en cuanto a ropa y otras cosas que necesitará para las actividades y excursiones que vas a organizar para él/ella.

Escribe tu carta a continuación:

_____

_____

_____

_____

_____

4. Gastronomía

Has inventado un plato nuevo, y acabas de servirlo por primera vez a unos amigos. Te piden la receta: explícasela usando el imperativo, especificando los ingredientes que hay que comprar, y el método de preparar la receta. He aquí unas sugerencias:

tortilla de pescado	uvas rellenas
tortillas gringas	mole de campesino
pastel de pastor	sopa de plátano
flan con cocodrilo	gazpacho americano
bocadillos a la gitana	fabada australiana

Después, otros amigos te piden estas recetas por escrito. Escoge dos o tres de las más sabrosas para escribirlas.

Escribe tus recetas a continuación:

_____

_____

_____

_____

_____

_____

5. Publicidad

Si tienes una revista o un periódico en español, mira los anuncios. Verás que muchos de ellos contienen instrucciones o consejos en la forma imperativa. Imagina que trabajas para una compañía internacional de publicidad. Tienes que escribir la versión española de varios anuncios que se ven en la tele y en los periódicos americanos. Trata de escoger los que usan el imperativo.

POR EJEMPLO: ¡Compra el nuevo detergente ESPUMA, para tener menos trabajo y más limpieza! ¡Compra dos paquetes y te regalamos otro gratis! ¡Lava todas las prendas de la familia, por sucias que estén, con el nuevo detergente ESPUMA!

Escribe algunos anuncios aquí:

_____

_____

_____

_____

_____

chapter 28

Ser and Estar

mecanismos

To be, or not to be? That *is* the question! It may help you to understand why there are two verbs in Spanish for 'to be.'

Ser comes from the Latin verb 'esse,' which was used to refer to 'being' in the sense of existence, and gives us words like 'essence,' describing what things are like in essence.

Estar, on the other hand, derives from the Latin verb 'stare,' which meant 'to stand,' 'being' in the sense of position/place and to refer to temporary states. This gives us words like 'stationary,' 'static,' 'station,' 'state.'

There are cases where either can be used, sometimes with a difference in meaning, but in the majority of cases only one is correct. Therefore it is well worth knowing a few rules of thumb to enable you to decide which to use and where.

Ser, then, is used for the following purposes:

a) to describe who or what somebody or something is, such as the type of person, their job or profession, and so on:

EJEMPLOS:	*Alfonso es médico.*	Alfonso is a doctor.
	El señor de la foto era mi padre.	The man in the photo was my father.
	Este libro es una novela francesa.	This book is a French novel.

b) to describe the natural, innate characteristics of a thing or person:

EJEMPLOS:	*Es una chica muy feliz.*	She is a happy girl.
	Mi anillo es de oro.	My ring is made of gold.
	Estos señores son muy ricos.	These people are very rich.
	Soy de Caracas.	I am from Caracas (i.e., I am a native of . . .).

c) to tell the time:

EJEMPLOS: *Es la una.*   It is one o'clock.

               Son las cinco y media.   It is half-past five.

               Eran las diez y veinte.   It was twenty after ten.

d) to express possession:

EJEMPLOS: *Es mío.*   It is mine.

               Son de la profesora.   They belong to the teacher.

Estar is used for all other aspects of 'to be,' namely:

a) to refer to place or location, to say where somebody or something is:

EJEMPLOS: *Madrid está en el centro de España.*
               Madrid is in the center of Spain.

               El año pasado estuvimos un mes en Chile.
               Last year we were in Chile for a month.

b) to refer to the state or condition of somebody or something, usually expressed by an adjective:

EJEMPLOS: *Estaba muy cansado cuando llegó.*
               He was very tired when he arrived.

               Estamos tristes, después de oír las noticias.
               We are sad, having heard the news.

c) to describe what is actually going on, forming the present continuous and other continuous tenses
   together with the gerund:

EJEMPLOS: *Estoy escribiendo.*
               I am writing.

               Estaban leyendo cuando entró mi madre.
               They were reading when my mother came in.

d) to describe a state resulting from an action, often by means of a past participle used as an adjective.

(See also Chapter 29 for use of *estar* with a past participle.)

e) *Estar* is also used in the following expressions:

   • To express prices:

     ¿A cuánto está?   How much is it?

     Está a cien pesetas.   It's one hundred pesetas.

ser and estar

- To express dates:

  ¿A cuántos estamos?   What is the date?

  Estamos a quince de octubre.   It's the fifteenth of October.

- In the expression *estar por* (to be in favor of):

  Estoy por ir al cine.   I'm for going to the movies.

- In the expression *estar para* (to be about to):

  Estaba para salir . . .   He was about to go out . . .

Both *ser* and *estar* can be used in the passive voice (see Chapter 29).

Some adjectives have a different meaning depending on whether they are used with *ser* or *estar*.

EJEMPLOS: *ser aburrido/a* to be boring   *estar aburrido/a* to be bored

              ser listo/a to be clever   *estar listo/a* to be ready

In addition, when *estar* is used with an adjective normally used with *ser*, it tends to mean 'to appear' or 'to look.'

EJEMPLOS: *¡Estás muy guapa hoy!*   You look beautiful today!

              ¡Qué viejo estás!   How old you look!

To sum up: *Ser* is used to indicate what somebody/something is and its natural, basic, expected qualities.

Estar is used to indicate where somebody/something is and states brought about by circumstances.

If in doubt, ask yourself if there is a good case for *estar*. If not, use *ser*. This is not a foolproof rule, but it is usually helpful.

Yet there are apparent anomalies:

      Están muertos.   They are dead.

(apparently permanent but it's because they have *died,* i.e., brought about by circumstances).

      Es joven.   He is young.

(He just *is*—it's a basic characteristic of his.)

      ¡Qué joven está!   Doesn't he look young!

(This is not an expected quality—it's a surprise that he looks so young.)

¡ponte a punto!

1. Un pueblo curioso

He aquí la descripción de un pueblo ficticio. Tienes que llenar los espacios con la forma más apropiada de los verbos *ser* y *estar*.

El pueblo de Milláns (1) _____ situado en el sur de la provincia de Julián, que

(2) _____ una región turística muy popular del suroeste del país. (3) _____

situado en la parte más alta del río Verde, y (4) _____ por aquí por donde tienen que pasar las

carreteras que van hacia las playas, en el extremo sur de Julián. (5) _____ un pueblo de unos

doce mil habitantes y en el verano (6) _____ lleno de turistas que llegan en tren, autobús, o

hasta en barco, haciendo excursión por el río Verde.

Lo que no sabe mucha gente (7) _____ que Milláns (8) _____ un pueblo

muy histórico. (9) _____ el segundo pueblo que se fundó en la provincia. En efecto,

(10) _____ su nombre también el que revela un poco de su historia: Alejandro Milláns

(11) _____ el que exploró esta región. En el lugar de la antigua casa del explorador, los reyes

hicieron construir un gran castillo. En el pueblo hay muchas casas y otros edificios muy antiguos. Hace

dos años uno de estos monumentos, el arco de la Puerta del Este, (12) _____ destruido por un

incendio, en el que (13) _____ quemados también varios edificios vecinos. Pero han estado

reconstruyendo este arco, y ya (14) _____ terminado.

Milláns tiene otro aspecto muy curioso: (15) _____ la capital de la sociedad marginada

de la región, o sea (16) _____ lleno de hippies, y de otra gente que lleva un estilo de vida

poco convencional. También hay allí muchos artistas, músicos y escritores, atraídos por el centro cultural

de la provincia, que (17) _____ situado al lado de Milláns. Aquí (18) _____ el

Colegio de Música y también el Colegio de Arte que ahora (19) _____ cerrados.

2. Una lección de geografía

Rellena el espacio en cada una de las frases siguientes con la forma correcta del verbo *ser* o del verbo *estar*.

El Reino Unido (1) _____ un estado independiente. (2) _____

compuesto de cuatro países: Inglaterra, Escocia, el País de Gales e Irlanda del Norte. Inglaterra

(3) _____ el más grande de estos países. Inglaterra, Escocia y Gales

(4) _____ situados en la isla de Gran Bretaña. Juntas, las islas de Gran Bretaña

e Irlanda (5) _____ las Islas Británicas. (6) _____ invadidas por

muchas razas—entre otras por los celtas, anglos, sajones, romanos, normandos. Hace miles de años,

Gran Bretaña (7) _____ unida con Francia por un puente de tierra. Luego

(8) _____ creado el Canal de la Mancha cuando subió el nivel del mar. Ahora

(9) _____ construido el Túnel de la Mancha. Gran Bretaña ya no

(10) _____ isla.

¡...y en marcha!

1. Los desconocidos

El/la profesor(a) o un estudiante tiene que preparar tarjetas con los nombres y algunos datos importantes
de varios personajes famosos de hoy o de la historia. Preferiblemente éstos constituirán parejas, por
ejemplo Antonio y Cleopatra, Romeo y Julieta. Se distribuye una tarjeta a cada estudiante, y todos tienen
que buscar su pareja dirigiendo preguntas a los demás, y usando sólo los verbos *ser* y *estar*.

POR EJEMPLO: **¿Eres hombre o mujer?**
                    ¿Estás vivo/a o muerto/a?
                    ¿Eres americano/americana o español(a)?
                    ¿Eres/Fuiste rey/reina/científico/a/explorador(a)?

No se permite usar la pregunta '*¿Quién eres?*' ni empezar con la pregunta '*¿Eres (+ nombre)?*'

Anota tus ideas con respecto a los personajes aquí:

_____

_____

_____

_____

2. Tu pueblo

Escribe o cuenta la historia de tu ciudad/pueblo/región, usando los verbos *ser* y *estar*. Si sabes bastantes
detalles, podrías contrastar cómo es ahora y cómo era hace muchos años.

POR EJEMPLO: **Mi pueblo es muy grande ahora, pero hace treinta años era muy pequeño. Antes
era un pueblo industrial; ahora ya no lo es. Hace muchos años Correos estaba
al lado de la biblioteca; ahora está en el centro.**

_____

_____

_____

_____

_____

_____

3. Tu familia

Escribe o cuenta la historia de tu familia: cómo es ahora, y cómo ha sido en el pasado. Trata de usar los verbos _ser_ y _estar_ cuando sea posible.

POR EJEMPLO: Mi familia es muy grande, pero mi abuelo era hijo único. Mi abuelo era muy alto, pero mis hermanos y yo somos muy bajos. Hasta hace cinco años la familia vivía en otro sitio, pero ahora está en . . .

_____

_____

_____

_____

_____

4. El dibujo misterioso

Cada miembro de la clase tiene que preparar—en secreto—un dibujo que contenga varios objetos predeterminados: digamos un comedor con una mesa, cuatro sillas, un aparador, etcétera. Luego, en parejas o todos juntos, tratan de copiar el dibujo de un(a) compañero/a sin mirarlo y haciendo preguntas:

POR EJEMPLO: ¿Dónde está la mesa? ¿Dónde están las sillas? ¿El aparador, está a la derecha o a la izquierda?

Puedes ir anotando tus preguntas aquí:

_____

_____

_____

Luego pueden comparar los dos dibujos, haciendo como un juego de 'Antes y después.'

POR EJEMPLO: **Antes el aparador estaba detrás de la mesa, ahora está delante, etcétera.**

ser and estar

5. Descripciones

En voz alta describe varios objetos nombrados por tus compañeros/as. A ver si aciertas a reconocer las palabras que dicen. Igualmente, podrías escribir unas descripciones más detalladas.

Si prefieres escribirlas, hazlo aquí:

_____

_____

_____

_____

POR EJEMPLO: **Mi bolígrafo es de plástico, es rojo y es muy útil. Sirve para sacar apuntes, escribir cartas, etcétera.**

6. Se busca . . .

Al parecer, un amigo de tu familia es un criminal buscado por la policía. Después de varios años de llevar una vida respetable, o por lo menos así lo creían todos, la policía ha descubierto que es jefe de un grupo de gángsters. El hombre se ha escapado, y tú tienes que dar a la policía una descripción escrita, con todos los detalles posibles, para ayudarles a detener al criminal.

Escribe la descripción aquí:

_____

_____

_____

_____

chapter 29

Passive

mecanismos

A passive verb is one where the subject suffers or undergoes the action. In the sentence 'My friend sold the house,' the verb is active because the subject (my friend) performed the action of selling the house, which is the direct object. However, we can turn the sentence around and say 'The house was sold by my friend.' The verb is now passive because the subject is now what underwent the action of selling, i.e., the house, and my friend becomes what is known as the 'agent,' the person by whom the action was done.

EJEMPLOS:

Active	Passive
The government won the elections. *El gobierno ganó las elecciones.*	The elections were won by the government. *Las elecciones fueron ganadas por el gobierno.*
The authorities will fix the prices. *Las autoridades fijarán los precios.*	The prices will be fixed by the authorities. *Los precios serán fijados por las autoridades.*

You can see that the passive in English is made up of the relevant tense of 'to be' (is/was/will be) and the past participle of the verb denoting the action in question. You do exactly the same in Spanish, using the relevant tense of *ser* (not *estar*) plus the past participle, but remember that in Spanish you must also make the past participle agree with the subject (*ganadas* and *fijados* in the above examples).

It is not always necessary to express the agent by whom the action was done:

> *Por fin los documentos fueron firmados.*   At last the documents were signed.

The passive is very common in English, but less common in Spanish, where alternative constructions are often used in its place (see the next chapter).

Note that there is no literal equivalent in Spanish of 'I was given a present,' as 'I' would have been the indirect object of an active verb—'(someone) gave a present to me.' You would have to say *'se me dio un regalo'* (again see the next chapter).

It is important to differentiate between *ser* and *estar* used with the past participle:

Ser indicates the action being done and *estar* the resultant state after the action has taken place:

Los documentos fueron firmados.	(someone signed them)
Los documentos estaban firmados.	(the signature was on them)
La casa fue construida en una colina.	(someone built it there)
La casa estaba construida en una colina.	(that was its location)

(See also Chapter 28 on *ser* and *estar*.)

¡ponte a punto!

1. Problemas de carreteras

Pon el verbo en el tiempo de la pasiva que convenga al sentido.

POR EJEMPLO: **Ayer la carretera (bloquear) → Ayer la carretera fue bloqueada.**

Ayer cayó mucha nieve y la carretera cerca de mi casa (*cortar*) _____ en dos sitios. La carretera (*despejar*) _____ por dos grandes quitanieves que (*traer*) _____ desde la capital del estado. Mientras tanto los choferes de los carros y camiones atascados (*alojar*) _____ en el colegio de un pueblo vecino. Las comidas de emergencia (*preparar*) _____ por el personal de cantina y unos padres de los colegiales. Aunque ésta es una circunstancia que (*prever*) _____ por las autoridades, casi siempre (*sorprender*) _____ por las dificultades que trae. Los usuarios de dicha carretera esperan que algo se haga antes del próximo invierno. El Departamento de Obras Públicas ha asegurado que el trayecto de la carretera (*mejorar*) _____ y que si va a haber problemas de nieve, unos avisos (*transmitir*) _____ por la emisora de radio local.

Cuando hayas leído las instrucciones en la página 176 del siguiente capítulo, vuelve a escribir el párrafo en el espacio en blanco:

_____

_____

_____

_____

_____

_____

_____

_____

_____

_____

_____

2. La ciudad de Plasencia[1]

Cambia los verbos de activa a pasiva:

1. Alfonso VIII, rey de Castilla, fundó Plasencia en 1180.

_____

2. Este rey la ubicó sobre el río Jerte.

_____

3. Las autoridades la amurallaron para protegerla.

_____

4. El rey también inició el famoso mercado del martes.

_____

5. El concejo restauró el ayuntamiento varias veces.

_____

6. Pusieron nombres a las varias puertas de la ciudad, según la dirección de la carretera que salía por ellas.

_____

7. Comenzaron la catedral vieja en el siglo XIII.

_____

8. En la Casa de las Dos Torres, derribaron una de las torres a principios del siglo XX.

_____

9. Recientemente han construido una Ciudad Deportiva municipal, con excelentes instalaciones.

_____

¡...y en marcha!

Los ejercicios de esta serie se encontrarán en el capítulo siguiente.

_____

[1]Plasencia es una ciudad de unos 35.000 habitantes. Está en la provincia de Cáceres, en la región de Extremadura, en el sudoeste de España.

passive

chapter 30

Alternatives to the Passive

mecanismos

The passive can be (and often is) avoided in Spanish as follows:

Make the sentence active:

> *La casa fue vendida por mi amigo.*   *Mi amigo vendió la casa.*
> The house was sold by my friend.   My friend sold the house.

Although the basic sense is the same, the emphasis is different (i.e., the emphasis on 'my friend' is lost).

Make the verb active, but keep the object first and reinforce it with an object pronoun:

> *La casa la vendió mi amigo.*

This keeps the emphasis as it would have been in the passive.

Make the verb reflexive:

> *Se vende casa.*   House for sale.

But you cannot do this if you wish to use *por* + an agent. If you just want to say the house was sold, then the simplest way in Spanish is:

> *La casa se vendió.*   The house was sold (You can't say by whom).

EJEMPLOS: *La guerra se declaró en 1939.*   War was declared in 1939.

    Se servirá la cena a las nueve.   Supper will be served at nine.

If the subject is plural, the verb is also plural:

> *Las ventanas se rompieron ayer.*   The windows were broken yesterday.

Note: *Se* is often used in recipes:

> *Se ponen el jamón y los huevos en una sartén.*
> The bacon and eggs are put in a frying pan.

It is not usual to use this construction when the subject is a person. 'The recruit was killed' would not be *el recluta se mató,* as this would be suicide, so you use the impersonal *se.*

EJEMPLOS: *Al recluta se le mató/Se le mató al recluta.*
                    The recruit was killed.

                    A Roberto se lo ve siempre en la calle.
                    Robert is always seen in the street.

This construction is very useful to get over phrases where the subject would have been the indirect object if the verb had been active:

EJEMPLOS: *Se nos dijo.*
                    We were told.

                    Se me dio . . .
                    I was given . . .

                    A mi hermana se le regaló una computadora.
                    My sister was given a computer.

The verb remains singular even if the English subject is plural:

> *A Roberto y Ana se los ve siempre juntos.*
> Roberto and Ana are always seen together.

The impersonal *se* can be used like 'one' in English:

> *No se hace esto.*
> One doesn't do that/That isn't done.

But if the verb is already reflexive, *uno* has to be used:

> *Estando de vacaciones, uno se levanta tarde.*
> While on vacation one gets up late.

¡ponte a punto!

1. En familia

Expresa las siguientes frases de todas las maneras posibles, usando o no usando la pasiva según las normas que se explican arriba:

alternatives to the passive

1. En mi familia tanto mi padre como mi madre toman las decisiones.

_____

2. También mi padre y mi madre cobran el presupuesto familiar.

_____

3. Cada sábado me dan una cantidad de dinero de bolsillo.

_____

4. Gasto este dinero en discos y ropa.

_____

5. Por lo general ahorro una parte del dinero.

_____

6. La ingreso en la caja de ahorros.

_____

7. Si me comporto mal, mis padres me dan alguna sanción.

_____

8. Me prohíben salir durante dos o tres días.

_____

9. Pero nunca usan violencia conmigo.

_____

10. La gente dice que soy un chico bastante normal.

_____

_____

2. Problemas de carretera

Vuelve a hacer el ejercicio 1 de la sección *¡Ponte a punto!* (Capítulo 29)—página 172—pero empleando construcciones que eviten el uso de la pasiva.

3. Una señora canadiense visita los Picos de Europa[1]

Una amiga canadiense, que acaba de visitar Cantabria en el norte de España y que ha escrito una carta sobre el tema a su amiga española en Madrid, quiere que se la traduzcas al español antes de echarla al correo. El problema es que la señora es muy aficionada al uso de la pasiva en inglés. ¿Sabes traducirla a un español que sea aceptable?

> *Last week was spent in a hotel in the north of Spain, where we were treated very well. In the evenings we were given a three-course meal and a bottle of wine. If desired, breakfast was served in our rooms. It was said in the tour operator's brochure that the hotel was two-star, but we were informed when we got there that this had been changed to three stars this year. On Tuesday we were taken to the* Picos de Europa, *and were provided with a picnic meal by the hotel. When the village of* Fuente Dé *was reached, we were told that we would be taken up to the top of the mountain in the cable-car and then brought down and picked up by the bus at six o'clock. It was considered that a pleasant day was had by most of us.*

_____

_____

_____

_____

_____

_____

_____

_____

_____

_____

¡. . . y en marcha!

1. Historia de nuestro colegio

Tú y tus compañeros/as de clase están preparando una historia de tu colegio, en la que muchos verbos estarán en pasiva. Pueden empezar:

El colegio fue planificado/fundado/construido en . . . (Pero ¡cuidado!, tendrán que decir 'se le dio/puso el nombre de . . .')

_____

[1]Get a map of Spain and find the Picos de Europa.

alternatives to the passive

Ahora sigan y a ver cuántas frases consiguen hacer, con pasiva donde sea admisible, y evitándola donde no lo sea.

Anota los datos aquí:

_____

_____

_____

_____

2. Mi ciudad o pueblo

Con un plano o unas postales de tu pueblo o ciudad, describe su desarrollo a un(a) compañero/a, usando cuando sea posible verbos en pasiva o con 'se.'

Por ejemplo, hablando de un nuevo supermercado puedes decir:

El supermercado ABC fue construido/se construyó hace tres años, y al mismo tiempo la carretera fue ensanchada/se ensanchó.

Pero ¡no te olvides de decir también lo que será hecho/se hará en el futuro! Si prefieres, puedes escribir tu descripción en forma de carta a continuación:

_____

_____

_____

_____

_____

3. Un poco de cocina

Trae tu receta preferida a clase y explícasela a tus compañeros/as. De ser posible, prepárala en clase, mostrándoles a tus compañeros/as cómo hacerla. Claro que tienes que usar 'se' con los verbos.
¡Que aproveche!

chapter 31

Tenses of the Subjunctive

mecanismos

The subjunctive
The subjunctive itself is not a tense, but an alternative form of the verb which has to be used in certain circumstances. Grammar books usually refer to it as the subjunctive *mood,* and it is true that it does often convey a particular mood of, for example, sadness, joy, anger, doubt, or uncertainty.

Exactly where and how to use the subjunctive will be explained little by little in the chapters which follow (Chapters 32–36). If you follow the explanations and do the exercises and activities which accompany the explanations, you should be well on the way to acquiring that feeling or instinct for the subjunctive, which plays a very important part in both spoken and written Spanish.

Tenses of the subjunctive
The subjunctive has several tenses:

Present subjunctive

a) Regular verbs
Usually the formation of the present subjunctive causes no problems, as you merely exchange the endings of the present indicative (the 'normal' present tense): *e* for *a,* or *a* for *e* (but remember that the first person [*yo*] also ends in *-e* or *-a*):

ar	er	ir
comprar	beber	subir
compre	*beba*	*suba*
compres	*bebas*	*subas*
compre	*beba*	*suba*
compremos	*bebamos*	*subamos*
compréis	*bebáis*	*subáis*
compren	*beban*	*suban*

b) Radical-changing verbs (see Chapter 13)
- Those verbs which have only one change in the present indicative have the change in the same place in the present subjunctive (*e > ie, o > ue, u > ue*):

pensar (e > ie)	volver (o > ue)
piense	*vuelva*
pienses	*vuelvas*
piense	*vuelva*
pensemos	*volvamos*
penséis	*volváis*
piensen	*vuelvan*

- Those *-ir* verbs with an additional change in the first and second persons plural (*e > i* and *o > u*) also have this second change in the present subjunctive:

preferir	dormir
prefiera	*duerma*
prefieras	*duermas*
prefiera	*duerma*
prefiramos	*durmamos*
prefiráis	*durmáis*
prefieran	*duerman*

- Those *-ir* verbs, such as *pedir*, which have the *e > i* change retain it in all six parts:

pedir
pida
pidas
pida
pidamos
pidáis
pidan

c) Irregular verbs
The first person singular is the stem for almost all present subjunctives, so those with an irregularity there carry it through into this tense.

- Those verbs, such as *poner*, whose stem in the first person singular (*yo*) form ends with *-g-* retain the *-g-* in the present subjunctive:

EJEMPLO:

> **poner** (*pongo*): *ponga*
> *pongas*
> *ponga*
> *pongamos*
> *pongáis*
> *pongan*

Similarly:

> *caer (caigo): caiga . . .*
>
> *hacer (hago): haga . . .*
>
> *salir (salgo): salga . . .*
>
> *traer: (traigo): traiga . . .*
>
> *valer: (valgo): valga . . .*

Verbs of this sort which also have a radical change in the indicative (*decir*, for example) lose the radical change in the present subjunctive and retain the same consistent stem ending in -*g*- throughout:

EJEMPLO:

> **decir** (*digo*): *diga*
> *digas*
> *diga*
> *digamos*
> *digáis*
> *digan*

Similarly:

> *oír (oigo): oiga . . .*
>
> *tener (tengo): tenga . . .*
>
> *venir (vengo): venga . . .*

• Verbs with their infinitives ending in -*ecer*, -*ocer*, -*ucir*, whose first person singular stem ends in -*zc*-, retain the -*zc*- throughout:

EJEMPLOS: *conducir (conduzco): conduzca . . .*

conocer (conozco): conozca . . .

parecer (parezco): parezca . . .

tenses of the subjunctive

- *Estar* and *dar* are predictable, but don't forget the accents:

dar	estar
dé	*esté*
des	*estés*
dé	*esté*
demos	*estemos*
deis	*estéis*
den	*estén*

- Spelling changes are sometimes necessary because of changing *-a/-e* endings. Stems ending in *-c-*, *-z-*, *-g-*, *-gu-* are especially subject to this:

> *cazar (cazo, cazas . . .): cace, caces . . .*
>
> *coger (cojo, coges . . .): coja, cojas . . .*
>
> *sacar (saco, sacas . . .): saque, saques . . .*
>
> *seguir (sigo, sigues . . .): siga, sigas . . .*

The final letter of the stem is constant in the subjunctive.

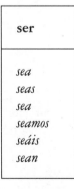

The following verbs have a totally irregular stem which remains constant with the usual *-a-* type endings:

EJEMPLO:

ser
sea
seas
sea
seamos
seáis
sean

Similarly:

> *caber: quepa . . .*
>
> **haber: haya . . .*
>
> *ir: vaya . . .*
>
> *saber: sepa . . .*

(*The present subjunctive of *haber*—*haya*—is used with the past participle to form the perfect subjunctive.)

Imperfect subjunctive

There are two forms of the imperfect subjunctive, which, with one exception, are completely interchangeable. (This exception occurs in 'if' clauses and is explained in Chapter 37.) There is, however, a preference for the *-ra* forms throughout the Spanish-speaking world. The stem is always the third person plural (*ellos*) of the preterite, including whatever irregularity that may contain.

a) Regular verbs

-ar		-er		-ir	
comprar > *compraron*		**beber** > *bebieron*		**subir** > *subieron*	
comprara	*comprase*	*bebiera*	*bebiese*	*subiera*	*subiese*
compraras	*comprases*	*bebieras*	*bebieses*	*subieras*	*subieses*
comprara	*comprase*	*bebiera*	*bebiese*	*subiera*	*subiese*
compráramos	*comprásemos*	*bebiéramos*	*bebiésemos*	*subiéramos*	*subiésemos*
comprarais	*compraseis*	*bebierais*	*bebieseis*	*subierais*	*subieseis*
compraran	*comprasen*	*bebieran*	*bebiesen*	*subieran*	*subiesen*

b) Radical-changing verbs (see Chapter 13)

Verbs that change in the third person of the preterite (*e > i, or o > u*) also have this change in the imperfect subjunctive, but the stem remains constant throughout.

EJEMPLOS: *dormir (durmieron): durmiera/durmiese . . .*

preferir (prefirieron): prefiriera/prefiriese . . .

pedir (pidieron): pidiera/pidiese . . .

c) All verbs with '*pretérito grave*' (see Chapter 19) keep the preterite stem:

EJEMPLOS: *estar (estuvieron): estuviera/estuviese . . .*

tener (tuvieron): tuviera/tuviese . . .

d) Verbs with *-y-* replacing *-i-* in third person preterite retain the *-y-*:

EJEMPLOS: *caer (cayeron): cayera/cayese . . .*

creer (creyeron): creyera/creyese . . .

leer (leyeron): leyera/leyese . . .

oír (oyeron): oyera/oyese . . .

Similarly, *huir (huyeron): huyera/huyese . . .* and other verbs ending in *-uir*.

tenses of the subjunctive

e) Other verbs which lose the *-i-* in the third person preterite ending also lose it in this tense:

EJEMPLOS: *decir (dijeron): dijera/dijese* . . .

   reñir (riñeron): riñera/riñese . . .

   traer (trajeron): trajera/trajese . . .

Similarly, *conducir (condujeron): condujera/condujese* . . . and all verbs ending in *-ducir.*

Perfect subjunctive

The perfect subjunctive is formed with the present subjunctive of *haber* + the past participle:

haya comprado	*haya bebido*	*haya subido*
hayas comprado	*hayas bebido*	*hayas subido*
haya comprado	*haya bebido*	*haya subido*
hayamos comprado	*hayamos bebido*	*hayamos subido*
hayáis comprado	*hayáis bebido*	*hayáis subido*
hayan comprado	*hayan bebido*	*hayan subido*

Pluperfect subjunctive

The pluperfect is formed with the imperfect subjunctive of *haber* (either form) + the past participle:

hubiera subido	*hubiese subido*
hubieras subido	*hubieses subido*
hubiera subido	*hubiese subido*
hubiéramos subido	*hubiésemos subido*
hubierais subido	*hubieseis subido*
hubieran subido	*hubiesen subido*

Sequence of tenses with the subjunctive

Usually, when the main verb of the sentence is in the present, the future, the perfect, or the imperative, the subjunctive verb dependent on it will be in the present or perfect:

Le digo *Le diré* *Le he dicho* *Dile*	*que se marche.*	I'm telling him I'll tell him I've told him Tell him	to leave.

When the main verb is in the imperfect, the preterite, the pluperfect, the conditional, or the conditional perfect, the subjunctive verb dependent on it will be in the imperfect or pluperfect:

Le decía		I was telling/used to tell him	
Le dije		I told him	
Le diría	*que se marchara/marchase.*	I would tell him	to leave.
Le había dicho		I had told him	
Le habría dicho		I would have told him	

Sometimes, however, if the sense demands it, these sequence rules can be broken:

Siento que estuvieras enfermo.   I'm sorry you were ill.

Activities practicing the use of the subjunctive follow in the *¡Ponte a punto!* and *¡ . . . Y en marcha!* sections of Chapters 32–36.

tenses of the subjunctive

chapter 32

Subjunctive: Influence, Emotion, and Judgment

mecanismos

Influencing others

The action is expressed in the subjunctive in Spanish with verbs of wanting, liking, ordering, advising, allowing, or causing, someone or something to do an action, or with verbs of avoiding, preventing, or prohibiting someone or something (from) doing an action.

But the subjects of the two verbs must be different. Compare:

Quiero ayudar.	I want to help (i.e., *I* both want and help).
¿Quieres que ayude?	Do you want me to help? (i.e., *You* want . . . *I* help)

EJEMPLOS: *Dile a Miguel que venga aquí.*
Tell Miguel to come here.

Trata de impedir que se escapen.
Try to prevent them from escaping.

La ley no permitía que se vendiera.
The law didn't allow it to be sold.

Todo esto hizo que mudáramos de casa.
All this caused us to move.

The most common verbs used with a subjunctive in this way are:

decir	*mandar**	*sugerir*	*querer*	*desear*
*permitir**	*exigir*	*pedir*	*implorar**	*consentir en*
*recomendar**	*preferir*	*prohibir**	*impedir**	*aconsejar**
*hacer**	*conseguir*	*lograr*		

*Verbs marked with an asterisk may also be used with an infinitive, even if the subjects are different:

> *No nos permitían hacerlo/No permitían que lo hiciéramos.*
> They didn't allow us to do it.

Emotional reactions

The subjunctive is used after verbs and other expressions of joy, sadness, anger, sorrow, fear, and other emotions:

EJEMPLOS: *Mi padre estaba bastante enfadado que suspendiera.*
              My father was quite annoyed that I failed.

              Nos alegra mucho que puedas estar aquí.
              We're very pleased you can be here.

Value judgments

Closely related to these emotions are all 'value judgments'—reactions of indignation, incredulity, justification, approval, disapproval, or concern. After such expressions, too, the subjunctive is used:

EJEMPLOS: *Es una vergüenza que no podamos salir sin miedo de atracos.*
              It's a shame that we can't go out without fear of muggings.

              ¿Cómo justificaremos que se gaste tanto dinero?
              How can we justify so much money being spent?

              No me gustó que ocurriera así.
              I didn't like it happening like that.

¡ponte a punto!

1. ¡Qué niños tan traviesos!

Una familia costarricense con dos niños jóvenes, Jaime de tres años y Pablo de cinco, pasa algún tiempo en tu casa. Tu madre, que no habla español, empieza a exasperarse por sus actividades y quiere que le traduzcas a la madre costarricense lo que dice.

1. *I don't like Jaime writing on the walls!*

_____

2. *I'd prefer both children to play outside!*

_____

3. *Tell Pablo to wash his hands!*

_____

4. *Tell Pablo to turn down the TV!*

_____

influence/emotion/judgment

5. *I don't want them to paint the cat!*

_____

6. *Tell them not to put dirty shoes on the table!*

_____

7. *Ask Pablo not to jump on the bed!*

_____

8. *It's terrible that they go to bed so late!*

_____

9. *It's best that you all go home tomorrow!*

_____

2. Una crisis futbolística

Escribe los verbos en el subjuntivo:

El director de nuestro club de fútbol se declara tanto sorprendido como triste que Emilio

(*querer*) _____ irse a jugar al club Águilas. A las preguntas de los reporteros,

nuestro favorito respondió que no quiere que su vida (*seguir*) _____ siendo siempre

igual. Hubo gran consternación que Emilio (*escoger*) _____ este momento para hacer

que su carrera (*cambiar*) _____ de dirección, puesto que a todos les gustaría que

(*desempeñar*) _____ un papel significativo en el éxito de su equipo en el campeonato

actual. Muchos encontrarán incomprensible que nuestro Emilio (*decidir*) _____

irse al club del gamberrismo futbolístico y ¡seguro que habrá los que traten de impedir que se

(*marchar*) _____! Las autoridades del club Águilas están muy contentas de que

Emilio (*firmar*) _____ el contrato, pero algo asombradas de que nosotros lo

(*tomar*) _____ tan mal.

¡...y en marcha!

1. ¡Qué asco!

Todos/as tus compañeros/as de clase hacen cosas que no te gustan. Tú tienes que decirles que no te gusta que hagan estas cosas y lo que prefieres que hagan:

POR EJEMPLO: Felipe, ¡no me gusta que pongas los pies en la mesa!
¡Prefiero que los pongas en el suelo!

Antes de decírselo anota tus sugerencias aquí:

_____

_____

_____

_____

2. ¡Esos concejales municipales!

Imagínate que los sucesos siguientes han ocurrido en tu ciudad o pueblo. Con tus compañeros/as de clase apunten sus reacciones:

POR EJEMPLO: Las autoridades construyen un vertedero de basura al lado del hospital.

Unas reacciones posibles:

—Es asqueroso que construyan eso allí.
—Encuentro incomprensible que hagan tal cosa.
—¡Qué bueno que hayan decidido por fin construir el vertedero!

En esta región:

1. . . . el año que viene cierran la estación y eliminan la línea de ferrocarril.

_____

2. . . . ponen un rascacielos enfrente de la iglesia parroquial.

_____

3. . . . cierran la piscina cubierta.

_____

4. . . . se prohíben perros en el parque municipal.

_____

5. . . . el año que viene se abrirá un nuevo polígono industrial.

_____

6. . . . han ensanchado la carretera de circunvalación.

_____

7. . . . van a peatonalizar las calles céntricas.

_____

8. . . . están renovando el alumbrado público en los barrios exteriores.

_____

9. . . . habrá obras de carretera durante todo el verano.

_____

Ahora añade tus reacciones a unos sucesos que han ocurrido, ocurren o van a ocurrir de verdad en tu propia ciudad o pueblo.

influence/emotion/judgment

Anota tus reacciones a continuación:

_____

_____

_____

_____

3. En los márgenes de la sociedad

Estudia el texto siguiente y luego comenta con tus compañeros/as sus reacciones a lo que dice, usando expresiones que necesiten el subjuntivo. Quizás antes de empezar, deberían hacer una lista de posibles frases que expresen sus reacciones:

Es increíble/insoportable que . . . /Lamentamos que . . . , etcétera.

POR EJEMPLO: —**Es increíble que los niños muy jóvenes tengan que vivir así.**
—**No es verdad que la policía los mate.**

En los márgenes de la sociedad

En varios países pobres, y a veces en los comparativamente ricos, de Latinoamérica, existen unos problemas sociales horrendos. Se oye hablar de chicos y chicas muy jóvenes que han sido abandonados por sus padres, o que han huido de casa, que viven en las calles, viviendo de la mendicidad o del robo. Se dice que por la noche los busca la policía y los mata. Eso por lo menos es lo que se lee en la prensa. Una parte de la causa es que sus padres han tenido que dejar sus pueblos en el campo, puesto que no encuentran trabajo allí, y han acudido a las ciudades, pero tampoco han podido encontrar trabajo, y no pueden mantener una familia. Cuando los jóvenes viven así, las drogas y la prostitución pueden ser otro problema, sobre todo si les parecen ser la única manera de hacerse con qué vivir. La iglesia trata de ayudar, tanto políticamente como con apoyo financiero donde éste sea posible, pero parece que la vida sigue siendo corta y brutal para estos jóvenes.

Escribe tus ideas a continuación:

_____

_____

_____

_____

chapter 33

Subjunctive: Doubt, Disbelief, and Possibility

mecanismos

The subjunctive is used in various situations where there is an element of doubt or uncertainty.

Expressions of doubt

The subjunctive is used after expressions implying doubt or uncertainty:

dudar que	to doubt whether
es dudoso que	it's doubtful whether
parece dudoso que	it seems doubtful that
resulta dudoso que	it turns out (to be) doubtful that
temer que	to be afraid that
esperar que	to hope that

EJEMPLOS: *Dudo que sepamos la solución del problema.*
I doubt whether we know the answer to the problem.

Es dudoso que nos ayuden.
It's doubtful whether they will help us.

Expressions of uncertainty

Expressions of certainty in the negative become expressions of doubt (and take the subjunctive), but expressions of doubt in the negative become expressions of certainty (and therefore may take the indicative). Compare the following examples:

Es cierto que saben la verdad.
It's certain they know the truth.

No es cierto que sepan la verdad.
It's not certain they know the truth.

Es de dudar que sepan la verdad.
It's to be doubted whether they know the truth.

No cabe duda de que saben la verdad.
There's no (room for) doubt that they know the truth.

Expressions of disbelief

The subjunctive is also used after verbs of knowing, saying, and thinking in the negative or to ask questions with negative implications. This can be regarded as a further extension of doubt: if you don't know, can't say, or don't think that something is the case, then that is doubt!

No creemos que sea el caso.
We don't think that that is the case.

No puedo decir que tenga razón, aunque lo creo.
I can't say that he is right, although I think so.

No sabía que pensaras así.
I didn't know you thought (like) that.

¿Tú crees que todo salga bien?
Do you think everything will turn out all right?

Era difícil creer que tuvieran éxito.
It was difficult to believe they would be successful. (implying that you couldn't believe it)

In this category, too, is *negar* (to deny) which takes the subjunctive:

Siempre negaba que ocurriera.
He always denied it was happening/would happen.

After statements of possibility and likelihood

As a logical extension of the above, possibility implies some doubt; so, too, does probability, as it is not total certainty.

The most common phrases of this kind requiring the subjunctive are:

Es posible que . . .	It is possible that . . .
Parece/Resulta posible que . . .	It seems possible that . . .
Es probable que . . .	It is likely/probable that . . .
Parece/Resulta probable que . . .	It seems likely/probable that . . .
Hay/Existe la posibilidad de que	There is the possibility that . . .
Hay/Existe la probabilidad de que	There is the likelihood/probability that
Puede (ser) que . . .	It may be that . . .

EJEMPLOS: *Hay que admitir la posibilidad de que tengan razón.*
One has to admit the possibility that they are (may be) right.

Es probable que lo sepan ya.
It's probable/likely they know already.

¡ponte a punto!

1. La España de hoy

Pon los verbos en el tiempo correcto del indicativo o subjuntivo según el sentido:

Ya sabemos que España (*estar*) _____ de moda tanto en Europa como en el mundo entero. Es probable que esta popularidad (*seguir*) _____ . No cabe duda de que se (*poder*) _____ ver toda clase de producto español en las tiendas europeas. Es dudoso que (*haber*) _____ una buena discoteca en Londres o París donde no se (*oír*) _____ algún conjunto español. Para los españoles mayores, es difícil creer que la actitud de los extranjeros hacia su país (*haber*) _____ cambiado tanto. A fin de cuentas, algunos de ellos no creían que la democracia se (*establecer*) _____ . Lo que es cierto es que España ya (*poder*) _____ contarse como uno de los países principales en la diplomacia europea. ¿Quién hubiera creído hace veinte años que Madrid (*convertirse*) _____ centro diplomático europeo o que España (*participar*) _____ plenamente en la Comunidad Europea? ¿Puede que lo (*estar*) _____ soñando?

2. El pronóstico del tiempo

Añade una frase que requiera el subjuntivo a las frases siguientes, cambiando el verbo debidamente.

POR EJEMPLO: **Lloverá mañana**   **Es posible/Hay la posibilidad de que llueva mañana.**
               No lloverá mañana   **Es dudoso/No creemos que llueva mañana.**

1. Hará mucho calor en el sur.

_____

2. Nevará en las Rocosas.

_____

3. Hará viento en la costa californiana.

_____

4. No soplará el viento en la costa del Atlántico.

_____

5. Se formarán brumas ligeras en el Golfo de México.

_____

6. Las temperaturas serán muy altas en el sudoeste.

_____

doubt/disbelief/possibility

7. Las temperaturas no bajarán mucho al anochecer.

_____

8. Caerán lluvias torrenciales en las llanuras.

_____

¡...y en marcha!

1. La semana que viene

Comenta con los otros estudiantes las cosas que—posiblemente—ocurrirán durante la próxima semana. Claro que tienen que emplear las expresiones que se facilitan arriba.

POR EJEMPLO: **El martes es posible que tengamos examen en español.**
El domingo hay la probabilidad de que vengan a visitarnos unos amigos.

Apunta una posibilidad o probabilidad para cada día de la semana aquí:

_____
_____
_____
_____
_____
_____
_____

2. ¡Escándalos!

Trabajando en parejas, uno/a hace alguna observación en forma de pregunta acerca de sus amigos/as o profesores del colegio; el otro/la otra tiene que contradecirle, expresando sus dudas o su ignorancia.

POR EJEMPLO: **¿Sabes que el señor X va a comprar un carro nuevo?**
¡Hombre! Yo no sabía que tuviera bastante dinero para eso!
¡Caramba! Dudo que sepa conducir!

Anota tus observaciones aquí:

_____
_____
_____
_____

3. El fantasma

Trabaja con un(a) compañero/a expresando sus dudas acerca de la autenticidad y la veracidad histórica de la siguiente historia—¡usando frases que exijan el subjuntivo, claro!

POR EJEMPLO: **No creo que un caballero de la Edad Media se llame así.**

El castillo de Fuentenegra (siglo XI) en la provincia española de Salamanca acaba de ser adquirido por un nuevo dueño. Plácido Lunes Cantante, 39 años, adquirió el castillo muy barato. La razón es que, según las tradiciones de la comarca, el castillo está habitado por un fantasma. No sólo fantasma, sino fantasma activo, por no decir hiperactivo.

Parece que durante la época romana, el castillo era uno de los muchos que se habían construido en la frontera. El dueño de entonces, don Sebastián Santos, caballero, tenía un vecino, don Julio Catedrales Tenor, que vivía en otro castillo, al otro lado de la calle. Este vecino era algo loco, pero inventor muy genial, y le gustaba experimentar con la tecnología militar de la época. Don Sebastián y su vecino se odiaban, y de vez en cuando, si el uno veía al otro en las murallas de su castillo, le invitaba a tomar un té. El vecino de Sebastián acababa de inventar una especie de arco multiflecha, o sea, una ametralladora para disparar flechas. Una noche muy oscura, cuando nada estaba visible, parece que el vecino don Julio observó a don Sebastián en una de sus murallas. Don Julio disparó, e inmediatamente el pobre Sebastián cayó víctima de un disparo de dicha máquina, siendo alcanzado por una docena de flechas de un solo golpe. Pereció agonizando en la escalera de la sala grande.

Ahora se le oye durante toda la noche bajando y subiendo la escalera, berreando de voz en grito: —¿Quién me quita estas malditas flechas del cuerpo? ¡¡Aaaaayyyyyyyyyyy . . . !!

Y el pobre vuelve a expirar ruidosamente cada madrugada.

Puedes escribir tus dudas aquí:

_____

_____

_____

_____

_____

_____

doubt/disbelief/possibility

chapter 34

Subjunctive: Futurity, Purpose, and Other Expressions

mecanismos

Expressions of futurity

The subjunctive must be used after the following expressions when they refer to actions which have not yet taken place but which may (or may not) take place in the future:

así que . . .	
en cuanto . . .	as soon as . . .
tan pronto como . . .	
no bien . . .	no sooner . . . (than . . .)
hasta que . . .	until . . .
después de que . . .	after . . .
mientras . . .	as long as . . . , while . . .
una vez que . . .	once . . .
cuando . . .	when . . .

EJEMPLOS:　　*Hasta que se cambie la ley no podremos hacer nada.*
　　　　　　Until the law is changed, we won't be able to do anything.

　　　　　　Mientras no se cambie la ley . . .
　　　　　　As long as the law isn't changed . . .

　　　　　　Después de que se cambie la ley . . .
　　　　　　After the law is changed . . .

　　　　　　Una vez que se cambie la ley . . .
　　　　　　Once the law is changed . . . (It hasn't been changed yet.)

Similarly, the subjunctive must be used when the actions had not taken place at the time of reference:

　　　　　　Todos estábamos de acuerdo de que no podríamos hacer nada . . .
　　　　　　We all agreed that we wouldn't be able to do anything . . .

. . . hasta que se cambiara la ley.
. . . until the law was changed.

. . . mientras no se cambiara la ley.
. . . as long as the law wasn't changed.

. . . después de que se cambiara la ley.
. . . after the law was changed.

. . . una vez que se cambiara la ley.
. . . once the law was changed.

(In all the above cases, the law hadn't been changed yet.)

Note that when these expressions simply record a fact, with no reference to the future, they are followed by the indicative (see Chapter 15).

Expressions of purpose

The subjunctive is required after various expressions meaning 'so that, in order that' and which indicate purpose:

> *para que . . .*
> *a que . . .*
> *a fin de que . . .*
> *con el objeto de que . . .*
> *de modo que . . .*

EJEMPLO: *Traje los planes para que ustedes los vieran.*
I brought the plans so that you could see them.

Note, however, that when *de modo que . . .* indicates result, not purpose, it is followed by the indicative:

> *Traje los planes a la reunión, de modo que todos pudieron verlos.*
> I brought the plans to the meeting, so (with the result that) everybody was able to see them.

Expressions requiring the subjunctive

The subjunctive is used after the following expressions:

antes de que . . .	before
con tal que . . .	provided that
a condición de que . . .	on condition that
a no ser que . . .	unless
a menos que . . .	unless
sin que . . .	without
aunque . . .	even though, even if

EJEMPLOS: *Con tal que dimita el ministro . . .*
Provided the minister resigns . . .

A menos que dimita el ministro . . .
Unless the minister resigns . . .

Aunque dimitiera el ministro . . .
Even if the minister were to resign . . .

However, when *aunque* means 'although' and simply reports a fact, it is followed by the indicative.

When the subjects of the two verbs are the same, it is usual to use the infinitive after *hasta, después de, antes de, sin, para* and *a fin de* (see Chapter 25 on the infinitive):

> *Hasta recibir la carta no sabremos lo que dice.*
> Until we receive the letter, we won't know what it says.

> *El ladrón se escapó sin ser visto.*
> The thief escaped without being seen. (The thief both escaped and wasn't seen.)

> *Trabajo mucho para mejorar mi español.*
> I work hard to improve my Spanish. (I both work and improve.)

¡ponte a punto!

1. En busca de trabajo

Rellena cada espacio en blanco con una de las expresiones facilitadas arriba, teniendo cuidado de que convenga al sentido:

(1) _____ compre el periódico leeré los pequeños anuncios. (2) _____

haya notado los posibles puestos, escribiré cartas, (3) _____ digan que telefonee.

(4) _____ haya terminado de escribir las cartas, las echaré al correo.

(5) _____ las eche, compraré sellos. (6) _____ reciba una respuesta,

llamaré por teléfono, (7) _____ el puesto parezca bien. (8) _____

llame, fijaré una cita para entrevistarme. (9) _____ me ofrezcan el puesto, lo aceptaré,

(10) _____ me paguen lo suficiente para vivir. (11) _____ reciba mi

primer sueldo, me compraré algo muy caro, (12) _____ sea lo que quiero, claro.

2. Gibraltar

Pon los verbos que van entre paréntesis en el tiempo debido del subjuntivo:

¿De quién es Gibraltar? En la época de Franco, los gibraltareños decían que no querían ser españoles,

hasta que España (*ser*) _____ democrática. Los ingleses decían que no dejarían la soberanía sin que los habitantes del Peñón lo (*querer*) _____ . Antes de que

(*morir*) _____ Franco, la situación no iba a resolverse. Desde la muerte de Franco, en

efecto la situación ha ido cambiando, pero para que los gibraltareños (*cambiar*) _____

de parecer, todavía hace falta tiempo. Con tal que lo que pase (*ser*) _____ según sus

deseos, un día el problema se resolverá, pero quizás no mientras (*tener*) _____ sus

recuerdos de la España de la dictadura. Tampoco habrá solución hasta que España y el Reino Unido

(*hablar*) _____ en serio y (*hacer*) _____ un verdadero acuerdo.

En cuanto (*ocurrir*) _____ esto, entonces todos los partidos podrán estar contentos.

3. En la fábrica

Estás trabajando en una fábrica que exporta sus productos a Perú. Una empresa en Lima ha mostrado algún interés y tu jefe te ha pedido que le ayudes con una carta de respuesta que contiene las frases siguientes. ¿Cómo vas a expresarlas en español? Claro que hay que hablar de usted/ustedes a los clientes comerciales.

1. *as soon as the process is complete*

   _____

2. *when the product is ready*

   _____

3. *as soon as we know the dimensions*

   _____

4. *as long as this situation continues*

   _____

5. *until you give us the green light*

   _____

6. *once we receive a definite order* (un pedido)

   _____

7. *provided we know what you want*

   _____

8. *unless you send us a fax*

   _____

9. *even if the order is a small one*

   _____

10. *on condition that the contract* (el contrato) *is signed soon*

    _____

¡...y en marcha!

1. Faenas domésticas

Usando las expresiones facilitadas arriba, trabaja con un(a) compañero/a (que será tu madre/padre) para decidir cuándo harás las faenas domésticas:

POR EJEMPLO: ¿Cuando lavarás el carro?
Lavaré el carro en cuanto termine el desayuno.

Otras faenas pueden ser, por ejemplo: fregar los platos, hacer la cama, pasar la aspiradora, bajar al supermercado, preparar la cena, planchar la ropa, barrer el patio, poner la mesa, quitar la mesa, cortar el césped, salir de paseo con el perro . . .

Anota algunas preguntas o respuestas aquí:

_____

_____

_____

_____

_____

2. Proyectos de vacaciones

Imagínate que tú y unos amigos van a pasar unas vacaciones de verano en Argentina. Comenten sus planes mientras miran varias guías para decidir adónde ir, qué hacer y cuándo, y dónde alojarse. ¡A ver cuántas frases inventan, empleando las expresiones que se explican al principio de este capítulo!

POR EJEMPLO: **En cuanto lleguemos a Buenos Aires buscaremos un hotel. No quiero parar en un hotel a menos que sea cómodo. Iremos a las Pampas con el objeto de que Elena vea un gaucho.**

Anota tus planes aquí:

_____

_____

_____

_____

_____

3. Intrusos

Estás de vacaciones en Acapulco, y mientras estabas en la playa, unos ladrones han entrado en la casa que tú y tu familia han alquilado. Tienes que hacer una declaración a la policía sobre el incidente, y como quieres lucir tu español, escribes cada frase con *sin* y el infinitivo o *sin que* y el subjuntivo. Ten cuidado con la diferencia y ¡a ver cuántas frases escribes así! Al terminar, compara oralmente tu descripción del robo con la de tus compañeros/as.

POR EJEMPLO: **Los ladrones entraron sin que nadie los viera y se fueron sin que el perro del vecino ladrara. Habían entrado sin romper nada.**

Ten en cuenta tu ropa, tu dinero, tus otras posesiones, los muebles, las puertas y ventanas, el estado de la casa y las huellas digitales.

Escribe tu declaración a continuación:

_____

_____

_____

_____

_____

_____

4. Planificación municipal

Trabaja con un(a) compañero/a. Uno/a quiere construir una casa en la ciudad; el otro/la otra es oficial de planificación municipal. Éste/Ésta tiene ideas muy firmes pero muy restrictivas en cuanto a su trabajo, y tiene que expresarlas empleando el subjuntivo con las expresiones facilitadas en este capítulo.

POR EJEMPLO: —**Quisiera construir una nueva casa en la ciudad.**
—No se puede, a menos que se haga en el estilo antiguo.

—Quisiera enseñarle los planes.
—Sí, señor/señorita, en cuanto Ud. rellene este formulario.

Sigan hablando de la fachada, las ventanas, el acceso, el garaje, el interior, la calefacción, las alcantarillas, la fecha de empezar, la empresa de constructores . . .

Los obstáculos pueden ser: el permiso del Ayuntamiento, el aspecto de la fachada, el acceso a la calle, la altura de la casa, un constructor designado por el Ayuntamiento y las medidas para la protección del medio ambiente, por ejemplo.

Anota tus ideas sobre la construcción o los inconvenientes aquí:

_____

_____

_____

_____

_____

chapter 35

Subjunctive: Indefinite and Negative Antecedents

mecanismos

The subjunctive must be used after various expressions where there is an indefinite or negative element.

After an indefinite antecedent
This is a use of the subjunctive which is very typical but perhaps less easy to understand. It is, in fact, a further instance of the presence of doubt requiring a subjunctive. The 'antecedent' is the noun or pronoun to which the clause following refers back.

For example:

> If you are looking for an activity which will keep you fit . . .

In this sentence, the word 'activity' is the antecedent, and it is indefinite, because any activity will do, so long as it keeps you fit. Therefore, in Spanish, the verb 'will keep' goes in the subjunctive:

> *Si buscas una actividad que te mantenga en forma . . .*

Subjunctive clauses of this kind may be introduced by the relative pronouns *que* or *quien* and also *donde* or *como*:

EJEMPLOS: *¿Hay una tienda por aquí donde vendan cerámica?*
Is there a store (any store) around here where they sell ceramics?

Cuéntame los problemas que hayas tenido en las relaciones con tus padres.
Tell me about the problems you have had in your relations with your parents
(i.e., any problems you may have had).

Haz como quieras.
Do as you wish.

After a negative antecedent

The subjunctive is also used when the antecedent is negative:

EJEMPLO: *No hay quien me ayude.*
There is no one who will help me/There is no one to help me.

The title of García Márquez's well-known book *El coronel no tiene quien le escriba* is usually translated as 'No one writes to the Colonel,' but a more literal translation would be 'The Colonel doesn't have anyone who writes to him/The Colonel doesn't have anyone to write to him.' *(No)* . . . *quien* is used here instead of *nadie que,* and is, therefore, a negative antecedent so that the verb, *escriba,* is in the subjunctive.

This kind of sentence also carries more than a hint of purpose, and is often the equivalent of the English 'someone/something to . . .', 'no-one/nothing to . . .'

EJEMPLOS: *Necesito a alguien que me ayude con este problema.*
I need someone to help me with this problem (i.e., someone who may help).

No había nada que lo detuviera.
There was nothing to stop him (i.e., nothing that would stop him).

Other negative expressions which require the subjunctive

No es que . . .   It's not that . . .
No puede ser que . . .   It can't be that . . .
No es porque . . .   It's not because . . .

EJEMPLO: *No es que/No es porque no te quiera . . .*
It's not that/It's not because I don't love you . . .

¡ponte a punto!

1. El tae-kwondo

Pon el verbo entre paréntesis en indicativo o subjuntivo según haga falta:

Si buscas un deporte que te (*mantener*) _____ en buena forma y que

al mismo tiempo (*mezclar*) _____ la destreza física con el arte, ¿por qué no

(*probar*) _____ el tae-kwondo? No es una actividad que (*requerir*) _____

gran fuerza, pero es un deporte que se (*hacer*) _____ muy popular. Unos dicen que

la gente (*necesitar*) _____ un deporte que (*canalizar*) _____ la

violencia. El tae-kwondo no es un deporte que se (*poder*) _____ practicar donde y

como se (*querer*) _____. Tiene que haber un local que (*ofrecer*) _____

sitio suficiente y un sitio donde los practicantes se (*cambiar*) _____ y se

(*poner*) _____ el uniforme, que (*ser*) _____ de rigor.

2. El cielo

Un(a) amigo/a tuyo/a te ha pedido que le traduzcas las frases siguientes para que pueda rellenar el cupón de un concurso que ha visto en una revista mexicana. En el concurso piden unas definiciones del cielo. ¡Claro que una condición es que se tiene que emplear frases con antecedentes indefinidos o negativos!

Empieza cada frase con 'El cielo es . . .' (*Heaven is . . .*)

POR EJEMPLO: **El cielo es una casa que sea antigua.**

Heaven is . . .

a) . . . *a house which is completely automatic* _____

b) . . . *a servant to prepare my food* (un criado que . . .) _____

c) . . . *a companion to bring me happiness* _____

d) . . . *two beautiful children to keep me busy* _____

e) . . . *a job to give me satisfaction* _____

f) . . . *a salary to pay for it all* _____

g) . . . *having no financial problems to worry me* _____

h) . . . *a beautiful garden where we can relax* _____

i) . . . *common sense to bring me back* (devolver) *to reality!* _____

Bien, pero tu amigo/a dice que la frase tiene que empezar 'El cielo sería . . .' así que tienes que hacer la traducción otra vez, cambiando los verbos al imperfecto del subjuntivo.

j) _____

k) _____

l) _____

m) _____

n) _____

o) _____

p) _____

q) _____

r) _____

3. Unas vacaciones desastrosas

Cambia los verbos que vienen entre paréntesis al indicativo o subjuntivo según el sentido. Ten cuidado con el tiempo del subjuntivo:

Las vacaciones del año pasado fueron un desastre. Buscamos unas vacaciones que

(*ser*) _____ interesantes y que no (*costar*) _____ un dineral.

Llamamos por teléfono a cierta agencia que (*anunciar*) _____ vacaciones de

a caballo. Como no hay ningún sitio por aquí donde se (*poder*) _____ aprender

a montar a caballo, pedimos una escuela donde se nos (*enseñar*) _____ .

Llegó julio y fuimos en carro a la granja que (*elegir*) _____ .

Al llegar ¡no había nadie que nos (*recibir*) _____ ! ¡La granja estaba desierta!

Tuvimos que buscar quien nos (*indicar*) _____ algún pueblo de donde

(*poder*) _____ llamar a la agencia. Como ya eran las nueve de la noche no

conseguimos hablar con nadie que nos (*ayudar*) _____ . Por fin pasó un granjero

en un tractor, a quien preguntamos si conocía un hotel donde nos (*poder*) _____

alojar. Él dijo que no, en esa región, no hay quien se (*dedicar*) _____ siquiera a

alquilar habitaciones. Tuvimos que dormir en el carro y a la mañana siguiente volvimos a casa.

Como, claro, apenas había palabras que (*expresar*) _____ nuestro descontento, mis

padres escribieron una carta muy fuerte a la agencia. Ahora buscamos alguna medida que les

(*obligar*) _____ a devolvernos nuestro dinero.

¡...y en marcha!

1. No es así

Un(a) de tus compañeros/as se comporta de una manera extraña, y los demás están comentando las razones posibles. Hay que rechazar cada observación o sugerencia que se hace.

POR EJEMPLO: —**Estará enamorado/a.**
—**No, no es que/porque esté enamorado/a.**

Escribe tus observaciones aquí:

_____

_____

_____

_____

2. El novio/La novia ideal

Cada uno escribe unas frases que describan el novio/la novia ideal, empezando:

Me gustaría un(a) novio/a que . . .

¡Cuidado! Como el verbo *Me gustaría* está en condicional, tendrás que emplear el imperfecto del subjuntivo.

POR EJEMPLO: **Me gustaría un(a) novio/a que fuera muy inteligente y que tuviera los ojos azules.**

Escribe tus frases aquí:

_____

_____

_____

_____

3. La casa tecnológica

Tú y tus compañeros/as de clase están diseñando una casa que tenga toda la tecnología moderna. Hablen de los aparatos que consideren imprescindibles, y quizás los que no, mencionando la función de cada aparato.

POR EJEMPLO: **Necesitaremos un aparato que cierre las cortinas.**
              No queremos nada que no sea automático.

Anota tus ideas aquí:

_____

_____

_____

_____

4. ¡Qué ciudad!

Imagínate que eres habitante de la peor ciudad de tu país (¡claro que no lo es en realidad!). Tú y tus compañeros/as están lamentando a un(a) amigo/a la falta de todo lo necesario para una buena ciudad. Empleando verbos negativos, sigan inventando más quejas similares a los modelos.

POR EJEMPLO: **En las calles no hay luces que funcionen.**
              No tenemos concejales que se interesen por los habitantes.
              No hay muchos autobuses que lleguen a la hora debida.

Hablen de las escuelas, las tiendas, las calles, el hospital, los médicos, los transportes, los habitantes y las diversiones.

Escribe tus quejas a continuación:

_____

_____

_____

_____

_____

chapter 36

Miscellaneous Uses of the Subjunctive

mecanismos

The subjunctive is used in various situations, apart from those already covered in Chapters 31–35.

Expressions ending in *-quiera*

The equivalent ending in Spanish of English pronouns or adverbs ending in -ever is *-quiera*:

quienquiera	whoever
cuandoquiera	whenever
dondequiera	wherever
comoquiera	however, in whatever way
cualquiera/cualesquiera	whichever

These expressions ending in *-quiera* take the subjunctive.

EJEMPLOS: *Quienquiera que lo reciba.*   Whoever receives it.

                  A dondequiera que vayas.   Wherever you go.

Note that *cualquiera* and *cualesquiera* drop the final *a* before a noun:

EJEMPLO: *Cualquier regalo que escojas . . .*   Whichever gift you choose . . .

If 'whenever' simply records repeated fact, use *siempre que* with the indicative:

> *Siempre que voy a Caracas, me alojo en el hotel Orinoco.*
> Whenever/Always when I go to Caracas, I stay at the Orinoco Hotel.

Expressions with 'whatever' and 'however'

The following common expressions and variations on them use the subjunctive to express the idea of 'whatever':

Pase lo que pase . . .	Whatever happens . . .
Hagamos lo que hagamos . . .	Whatever we do/do as we may . . .
Digan lo que digan . . .	Whatever they (may) say . . .
Sea lo que sea . . .	Whatever it is . . .
Sea como sea . . .	Be that as it may . . .

To get across the idea of 'however' + an adjective or adverb, use *por . . . que* followed by the subjunctive.

EJEMPLOS:	*Por mucho/más que te quejes . . .*	However much you complain . . .
	Por inteligentes que fueran . . .	However intelligent they were . . .

After words meaning 'perhaps'

Quizá(s), *tal vez* and *acaso* all mean 'perhaps,' and are often followed by the subjunctive, again where there is an element of doubt.

EJEMPLOS:	*Quizás no vengan mañana.*	Perhaps they won't come tomorrow.
	Tal vez ya lo sepan.	Maybe they know already.

¡Ojalá...!

¡Ojalá . . . ! is used to introduce a very strong wish or desire. It originates from Arabic and means 'May Allah permit it!'

When it is used with the present subjunctive, this phrase suggests an open possibility, whereas with the imperfect subjunctive, the likelihood of the wish being fulfilled is more remote.

EJEMPLOS:	*¡Ojalá ganen!*	I hope they win!
	¡Ojalá supiera más español!	I wish I knew more Spanish!

¡Ojalá! can also stand by itself, expressing a fervent wish that something previously mentioned will or will not happen:

> *¿Ganar el premio? ¡Ojalá!*
> Win the prize? I wish I could! (implying 'that'll be the day!')

¡ponte a punto!

1. Elecciones generales

Escoge un adjetivo o adverbio y también un verbo en subjuntivo de los facilitados abajo para reconstruir las frases siguientes:

1. Por _____ que _____ ese diputado, no conseguirá persuadirnos.

2. Por _____ que _____ el gobierno, no iba a hacer eso.

3. Por _____ que _____ al Presidente, no volveremos a elegirlo.

4. Por _____ escaños que _____ los comunistas, no podrán formar un gobierno.

5. Por _____ que _____ con el resultado, la vida seguirá como siempre.

6. Por _____ que _____ los políticos, parece que no saben resolver nuestros problemas.

7. Por _____ que _____ el gobierno de ganar, siempre habría la posibilidad contraria.

8. Por _____ que _____ el resultado, faltarán seis semanas para el nuevo gobierno.

> **Adjetivos/adverbios:** listos mucho muchos seguro rápidamente tonto más fuerte contentos
>
> **Verbos:** estemos sean grite se declare estuviera fuese amemos ganen

2. Más observaciones electorales

Completa las frases con una de las expresiones explicadas en este capítulo:

1. _____ la derecha gane las elecciones.

2. ¡_____ no las ganen los comunistas!

3. _____ que diga eso tiene que ser muy optimista.

4. _____ que hable el presidente, siempre tiene éxito.

5. _____ lo que _____, pasado mañana tendremos un nuevo gobierno.

6. _____ que _____ el gobierno, me es igual.

7. _____ el próximo sea mejor.

¡...y en marcha!

1. El último recurso

Están tú y tus compañeros/as en lo alto de una montaña. Están inmovilizados allí porque ha bajado una niebla muy densa, y todos empiezan a tener miedo. Hagan algunas observaciones un poco nerviosas, ¡empleando expresiones que acaban de aprender, claro!

POR EJEMPLO: **Pase lo que pase, por lo menos tenemos algo de comer.**
Quienquiera que nos halle, con esta niebla no vendrá hasta mañana.

Anota algunas observaciones aquí:

_____

_____

_____

_____

2. Desaparecido/a

Uno de tus compañeros ha desaparecido. Todos tienen que hacer sugerencias acerca de lo que le ha pasado, usando *quizás* o *tal vez*.

POR EJEMPLO: **Quizás haya ido al partido de fútbol.**
Tal vez esté enfermo.

Anota algunas sugerencias aquí:

_____

_____

_____

_____

3. Deseos

Todos tienen que expresar tres deseos algo remotos pero asequibles, empleando *¡ojalá!* con el presente del subjuntivo.

POR EJEMPLO: **¡Ojalá me regalen un perro para mi cumpleaños!**

Ahora, otros tres deseos más improbables, con el imperfecto del subjuntivo.

POR EJEMPLO: ¡Ojalá tuviera millones de dólares!

Puedes anotar tus deseos aquí:

_____

_____

_____

_____

chapter 37

'If...' Clauses

mecanismos

The use of *si* meaning 'if' is less complicated in Spanish than it looks, provided the following guidelines are kept in mind.

With a totally open possibility, use the present tense in the *si* clause, as in English. This is usually in combination with the present, future, or imperative in the main clause of the sentence.

EJEMPLOS: *Si veo a Carlos, le daré tu recado.*
If I see Carlos, I'll give him your message.

Si ves a Carlos, dale mi recado.
If you see Carlos, give him my message.

With a statement of plain fact about circumstances in the past, use the indicative of the relevant tense in the *si* clause.

EJEMPLO: *Si veíamos a Carlos, le dábamos los buenos días y nos parábamos a charlar si él quería.*
If we saw Carlos, we said hello and stopped to talk if he wished.

If the possibility is remote or hypothetical, use the imperfect subjunctive after *si,* in combination with the conditional in the main clause of the sentence.

EJEMPLO: *Si vieras a Carlos, le darías mi recado, ¿no?*
If you saw/were to see Carlos, you would give him my message, wouldn't you?

If the statement is contrary to what actually happened, use the pluperfect subjunctive in combination with the conditional perfect.

EJEMPLO: *Si hubiera/hubiese visto a Carlos, le habría/hubiera dado tu recado.*
If I had seen Carlos (but I didn't), I would have given him your message (but I couldn't).

Note that after *si*, you can use either the *hubiese* or *hubiera* form of the pluperfect subjunctive, and in the main clause, either the conditional *habría* or the subjunctive form *hubiera*. You will meet all these variations, but you may find it easier yourself, at least until you become confident with this construction, to use the *hubiera* form (with the correct ending) in both parts of the sentence.

EJEMPLO: *Si hubiéramos visto a Carlos, le hubiéramos dado tu recado.*
             If we had seen Carlos, we would have given him your message.

'What if . . . ?' is expressed by *¿Y si . . . ?* and the present indicative or imperfect or pluperfect subjunctive, depending on the meaning:

¿Y si Carlos viene a vernos?
What if Carlos comes to see us?

¿Y si Carlos viniera/viniese a vernos?
What if Carlos came to see us?

¿Y si Carlos hubiera/hubiese venido a vernos?
What if Carlos had come to see us?

'As if . . .' is expressed by *como si . . .* + the imperfect or pluperfect subjunctive:

Era como si no lo viera.   It was as if I couldn't see him.

Era como si no lo hubiera visto.   It was as if I hadn't seen him.

When *si* means 'whether' after verbs such as *saber,* it can be followed by any indicative tense that makes sense.

EJEMPLO: *No sabemos si Carlos viene/vendrá/vendría/venía/ha venido/vino . . . a vernos.*
             We don't know if/whether Carlos is coming/will come/would come/was coming/has come/came . . . to see us.

¡ponte a punto!

1. Diario de las vacaciones

Una señora está de vacaciones con su marido en una isla del Caribe y apunta unos pensamientos sobre cada día. Pon el verbo que aparece entre paréntesis en el tiempo del indicativo o del subjuntivo que le corresponda. ¡Mira el verbo principal y ten cuidado con la concordancia de los tiempos!

Domingo—día de llegada:

Si no (*haber*) _____ mucha gente en la cafetería, tomaremos un jugo de piña.

Si (*hacer*) _____ mucho calor esta tarde, la pasaremos en la playa.

Lunes:

Mi marido dice que si (*pasar*) _____ tanto tiempo bajo este sol, vamos a parecernos a un par de langostas.

Me pregunto qué pasaría si (*coger*) _____ los dos una insolación.

Martes:

Si nos (*poner*) _____ crema de sol antes, no hubiéramos tenido la piel quemada.

Si (*tener*) _____ la piel más morena, no tendríamos estos problemas.

Miércoles:

Si mi marido (*seguir*) _____ comiendo así, se va a poner enfermo.

¡Qué nubes tan amenazadoras! Si (*llover*) _____ esta tarde, nos quedaremos al lado de la piscina.

Jueves:

Si (*llegar*) _____ a persuadir a mi marido, iremos de compras en la ciudad.

Si (*encontrar*) _____ una muñeca típica, la compraría para mi nieta.

Viernes:

Si aquella muñeca no (*ser*) _____ tan cara, la hubiera comprado.

Si (*saber*) _____ qué otro regalo le gustaría, se lo compraría.

Sábado—día de salida:

Si el avión (*llevar*) _____ retraso, tendremos que esperar en el aeropuerto.

Si (*quedar*) _____ más tiempo, nos hubiera gustado visitar el interior de la isla.

2. ¡Tanto que hacer!

¡Todos te piden que hagas algo! Cambia el infinitivo del verbo al tiempo del indicativo o del subjuntivo que convenga al sentido:

1. Mi padre me dice que si no (*cortar*) _____ la hierba, no me deja salir con mis amigos esta tarde.

2. Mi mamá me dijo que si no (*sacar*) _____ la basura, no me llevaría a hacer compras.

3. Mi hermano mayor me avisó que si no le (*lavar*) _____ el carro, jamás me dejaría conducirlo.

'if...' clauses

4. Mi hermanita me gritó que si no le (*ayudar*) _____ con sus tareas, les contaría a papá y mamá que llegué muy tarde anoche.

5. Mi novio/a me dijo que si no lo/la (*acompañar*) _____ al baile, nunca más me hablaría.

6. Los vecinos me dijeron que si no (*bajar*) _____ el volumen del radio, llamarían a la policía.

7. Mis profesores me dijeron que si no (*sacar*) _____ buenas notas en los exámenes, me tendrían que suspender.

¡Pobre de mí!

¡...y en marcha!

1. ¿Amigos?

Tu amigo(a) quiere que lo/la ayudes el sábado que viene, pero tú tienes pocas ganas de hacerlo y le pones muchas condiciones.

POR EJEMPLO: **Bueno, te ayudaré si tengo bastante tiempo.**

¡A ver cuántas condiciones más puedes imponer—por ejemplo, el tiempo que hace, tu novio/a, otros amigos, compras, ayudar en casa, tener ganas, descansar—antes de consentir en ayudarlo/la!

Anota algunos inconvenientes a continuación:

_____

_____

_____

_____

_____

2. Un(a) presidente prudente

Ya conocerás la situación en qué se te pregunta '¿Qué harías si fueras presidente?' Supongamos que ya eres presidente del país. Quieres hacer muchas cosas, pero las circunstancias todavía no están lo suficientemente estables para permitirte hacerlas. Quieres bajar los impuestos, pero todavía no puedes. En una entrevista, tienes que decir en qué circunstancias los bajarías, según este modelo:

Bajaría los impuestos si la productividad industrial fuera más alta.

No olvides hablar de: los tipos de interés, el valor de la moneda, las próximas elecciones, los servicios sociales, las pensiones, la enseñanza, las importaciones, las exportaciones, la balanza de pagos, el paro.

Escribe lo que harías a continuación. Si quieres, trabaja con otro estudiante y presenta una entrevista a los demás.

_____

_____

_____

_____

_____

_____

3. La historia de un criminal

Pablo García, 23 años, sin empleo, sin dirección fija, fue ayer condenado a tres años de cárcel por haber atracado y robado a una turista en Cozumel. Parece ser que ésta no es la primera vez que comparece ante el juez, puesto que tiene una historia de criminalidad desde los catorce años.

Con tus compañeros/as, trata de analizar el caso de Pablo para descubrir cómo se desvió del buen camino. A ver cuántas razones puedes expresar, usando _si_.

POR EJEMPLO: **Si su padre no lo hubiera echado de casa a los 16 años, no se hubiera dado al crimen.**

(No hace falta cambiar la segunda parte de la frase cada vez.)

Considera también problemas en el colegio, malas influencias, dificultades en casa, robo de automóviles, otros atracos, drogas, sus compañeros, la falta de trabajo y otros problemas en que tú puedas pensar.

Antes de analizar el caso con tus compañeros, anota tus ideas aquí:

_____

_____

_____

_____

chapter 38

Negatives

mecanismos

In Spanish, the verb is made negative by putting *no* before it:

Vamos.	We're going.
No vamos.	We're not going.

Other negative expressions are:

nada	nothing
nadie	nobody, no one
nunca *jamás*	never
ninguno	no, not any, none
ni . . . ni . . .	neither . . . nor . . .
tampoco	not either, neither (negative of *también* = also)
en mi vida	never in my life
a/en ninguna parte	nowhere
ya no	no longer, not any more (always precedes verb)

When these expressions follow the verb, the verb is preceded by *no*:

No vamos nunca al cine.	We never go to the movies.
No me conoce nadie aquí.	No one knows me here.

When the negative expression precedes the verb, *no* is not used:

Nunca vamos al cine.	We never go to the movies.
Nadie me conoce aquí.	No one knows me here.
¿Vas mucho al cine? Nunca.	Do you go to the movies a lot? Never.

Ninguno is the negative of *alguno*, and agrees with the noun it refers to. Like *algún*, it drops the *-o* and takes an accent on the *-u-* with a masculine singular noun.

EJEMPLO: *No tengo ningún interés.*   I have no interest.

Ninguno seldom occurs in the plural:

EJEMPLO: *Ninguno de estos objetos vale.*   None of these objects is/are any good.

Note also that *alguno* used after the noun can give an even stronger negative meaning.

EJEMPLO: *No tengo interés alguno.*   I have no interest at all/whatsoever.

Tampoco is the negative of *también* (also, too):

> *Manolo quiere ver Madrid y yo quiero verla también/y yo también.*
> Manolo wants to see Madrid and I want to see it as well/and I do too.

> *Manolo no quiere ver Madrid ni yo quiero verla tampoco/ni yo tampoco.*
> Manolo doesn't want to see Madrid, and I don't want to see it either/neither do I.

¡ponte a punto!

1. Depresión

Llena los espacios en blanco con la más apta de las expresiones negativas siguientes:

> nunca, ni . . . ni . . . , tampoco, en su vida, en ninguna parte, nada, nadie, ninguno, alguno

Últimamente me parece que _____ me quiere y yo no tengo interés en

_____ . No salgo _____ y _____ de mis amigos

viene a verme. _____ me he sentido tan deprimida. No encuentro simpatía

_____ . Parece que _____ mis padres _____

mis amigos quieren ayudarme. Siento que no sirvo para _____ . Mi novio me invita

al cine pero no siento interés _____ en salir, y luego si le digo que no quiero ir,

contesta que, bueno, pues, él no quiere ir _____ . ¡Dice que _____

ha encontrado a una persona tan difícil como yo!

2. Unas vacaciones fatales

Cambia las frases siguientes al negativo:

1. Siempre vamos de vacaciones en avión.

_____

2. Siempre encontramos alojamiento en alguna parte.

_____

3. Siempre queremos ir con unos amigos.

_____

4. Nuestros amigos quieren ir también con nosotros.

_____

5. Tanto nuestros amigos como nosotros lo pasamos bien.

_____

6. Siempre hay algo interesante que hacer y alguien simpático con quien charlar.

_____

7. ¡Algunas de estas observaciones son correctas!

_____

3. ¿Con 'no' o sin 'no'?

Acuérdate de la regla que dice que si el negativo viene después del verbo, tienes que usar *no* antes. Para tener un poco de práctica, cambia las frases siguientes de modo que se pueda quitar el 'no' . . . ¡Cuidado! No será práctico cambiarlas todas y tienes que identificar las frases donde no sea posible.

POR EJEMPLO: **No voy nunca al cine/Nunca voy al cine.**

1. No ha llegado nadie. _____

2. No lo sabe ni Pedro ni Ana. _____

3. No lo sé yo tampoco. _____

4. No hemos visto a nadie. _____

5. No me conoce nadie. _____

6. No hemos oído nada. _____

7. No ocurre nada. _____

8. No he hecho tal cosa en mi vida. _____

9. Esto no ocurre nunca. _____

10. No lo encuentro en ninguna parte. _____

11. No conozco a ninguna de estas personas. _____

¡ . . . y en marcha!

1. Los jactanciosos

Usando frases negativas, cada miembro de la clase tiene que jactarse de tres cosas (¡verdaderas o ficticias!), o sea exagerar.

POR EJEMPLO: Yo no tengo ningún problema con la gramática española.
No hay nada que yo no entienda.
Yo nunca digo mentiras.

Anótalas aquí:

_____

_____

_____

2. Libro de reclamaciones

A todos nos gusta quejarnos, y la mayoría de nuestras quejas son negativas. Aquí tienes la oportunidad de quejarte de tu colegio. Haz una lista de tus reclamaciones y cuéntalas a tu profesor(a) o a un(a) compañero/a que tiene que responder, justificándose.

POR EJEMPLO: Ninguno de los profesores me quiere.
Nuestras cosas no están seguras en ninguna parte.
Nunca ponen papel higiénico en los servicios.

Anota tus ideas aquí:

_____

_____

_____

3. ¡Qué gobierno!

¡Más quejas! Esta vez, todavía usando frases negativas, te quejas del gobierno—el local, el estatal o el nacional.

Opción A: Tú haces las reclamaciones y tu compañero/a, que es oficial del gobierno, trata de responder a tus quejas.

Opción B: Trabaja con tus compañeros/as para reunir una lista de reclamaciones contra el gobierno, que van a presentar a su representante, que podría ser tu profesor(a).

POR EJEMPLO: Ningún representante tiene ni idea de cómo vivimos nosotros.
El gobierno nunca tiene en cuenta nuestras opiniones.
No tiene ninguna solución al problema del seguro médico.

Escribe tus notas aquí:

_____

_____

_____

_____

negatives

chapter 39

Para and Por

mecanismos

The two prepositions *para* and *por* are often confused, but basically *para* usually means 'for,' and *por* usually means 'by,' 'through,' or 'because of,' and in certain contexts, 'for.'

Para is used:

a) to indicate destination, objective, purpose, or intention:

EJEMPLOS:	*Este regalo es para ti.*	This present is for you.
	Café para todos.	Coffee for everyone.
	Estudio para abogado.	I'm studying to be a lawyer.
	Salimos para la costa.	We left for the coast.
	Para mí una ensalada.	A salad for me.

¿Para qué? means 'What for?'/'For what purpose?' and presupposes the answer *para* + infinitive or *para que* + subjunctive ('in order to'/'in order that') (see Chapter 35).

| EJEMPLO: | *¿Para qué corres?* | Why do you run? (What for?) |
| | *Corro para mantenerme en forma.* | I run (in order) to keep fit. |

b) to express 'in view of,' 'considering':

| EJEMPLO: | *El supermercado es muy feo para el lugar en que está.* |
| | The supermarket is very ugly for its location. |

c) with *estar* to convey the sense of 'to be on the point of':

| EJEMPLO: | *Estaba para decirlo.* | I was about to say so. |

d) in expressions of time:

- to convey 'by a certain time':

EJEMPLO: *Estará listo para las ocho.*   It will be ready by eight o'clock.

- to convey 'for a particular time':

EJEMPLOS: *Estamos citados para las tres.*   We have an appointment for three o'clock.

Nos queda dinero para dos días.   We have enough money left for two days.

Por is used:

a) in the sense of 'through' in the physical sense:

EJEMPLO: *Pasamos por San José.*   We passed through San José.

b) meaning 'because of':

EJEMPLOS: *No podíamos ver por la gente que había.*
We couldn't see for/because of the people.

Lo quiero por su bondad.
I love him for his kindness.

Me intereso por su carácter.
I'm interested in her character.

Tiene curiosidad por las casas antiguas.
He has an interest in old houses.

c) with an infinitive, meaning 'through . . . ing, because of . . . ing':

EJEMPLO: *Eso fue por no saber lo que hacía.*
That was through not knowing what I was doing. (I didn't know what I was doing.)

d) to express the agent ('by') with a passive verb:

EJEMPLO: *La fábrica fue construida por una empresa mexicana.*
The factory was built by a Mexican firm.

e) to express 'by means of':

EJEMPLOS: *Funciona por la presión atmosférica.*
It works by (means of) atmospheric pressure.

para and por

Conseguí los billetes por tu ayuda.
I got the tickets through/by means of your help.

Mando la respuesta por fax.
I'm sending the answer by fax.

f) to convey 'on behalf of, in support of, for the sake of':

EJEMPLOS: *Lo hice por ti.*   I did it for/in support of/on behalf of you.

                  No estoy por la caza.   I'm not in favor of hunting.

                  ¡Por Dios!   For God's sake!

g) to express 'in exchange for':

EJEMPLOS: *Gracias por tu ayuda.*   Thanks for (in exchange for) your help.

                  Pagué demasiado por estos zapatos.   I paid too much for (in exchange for) these shoes.

h) with units of measure to convey 'per':

EJEMPLOS: *a doscientos kilómetros por hora*   at 200 kilometers per hour

                  tres veces por día   three times per/a day

(*Al día* is probably more usual.)

i) in the sense of 'to get':

EJEMPLOS: *Voy al supermercado por leche.*
I'm going to the supermarket for/to get some milk.

                  Lo mandaron por los bomberos.
They sent him for the fire department.

Por is commonly used:

a) in a place context:

    un viaje por Europa   a trip through/all over Europe

    por la calle   in the street/outdoors

    por aquí/allí   this/that way, around here/there

b) in a time context:

• with parts of the day:

    por la mañana/tarde/noche   in the morning/afternoon, at night

• *sólo por . . .* just for . . . (time):

    Préstamelo sólo por un día.   Lend it to me just for a day.

With projected future time, either *para* or *por* may be used:

Voy a Guatemala para/por un mes.   I'm going to Guatemala for a month.

To summarize the use of *por/para* in the translation of 'for,' think first of the meaning of 'for' in English.

If it means 'intended for/destined for/for a purpose,' use *para*.

If it means 'in exchange for/because of/on behalf of/in support of/through,' use *por*.

Note: *Por ahora* (for now), but *para siempre* (forever)!

¡ponte a punto!

1. Los niños de la calle

Rellena los espacios en blanco con *para* o *por*:

Si viajas (1) _____ muchas de las ciudades de Sudamérica (2) _____ la tarde o

(3) _____ la noche, verás a niños y niñas muy jóvenes (4) _____ las calles.

(5) _____ ellos resulta una vida muy peligrosa puesto que la policía se preocupa mucho

(6) _____ el aspecto de la ciudad, y queda poca simpatía (7) _____ estos pequeños

mendigos. Hay ciertos individuos y organizaciones que tratan de hacer algo (8) _____ ellos, pero

(9) _____ esa parte del mundo son una minoría. (10) _____ los gobiernos es un

problema, puesto que queda muy poco dinero (11) _____ ayudarlos. (12) _____ mí, yo

creo que (13) _____ conseguir cualquier éxito, las organizaciones caritativas internacionales y los

gobiernos tendrán que hacer más (14) _____ resolver este problema. (15) _____ ahora

parece que se puede hacer muy poco.

2. Concursos televisados

Rellena los espacios en blanco en el diálogo siguiente con *para* o *por,* según convenga:

—(1) _____ mucha gente los concursos televisados son un sueño.

—Pero (2) _____ tomar parte hay que someterse a unas pruebas de selección.

—Si te escogen quizás cobres muchísimo dinero (3) _____ sólo contestar a unas preguntas.

—(4) _____ tener éxito no tienes que ser inteligente.

—(5) _____ mí esto no importa. (6)_____ no tener problemas de dinero yo haría cualquier cosa. (7) _____ tener una familia que gasta tanto, yo no tengo dinero (8) _____

nada.

—Bueno, me voy. Tengo que ir al supermercado (9) _____ provisiones. Luego quiero estar en

casa (10) _____ las cinco (11) _____ ver *El precio justo* en la tele.

¡. . . y en marcha!

1. Visitantes intergalácticos

Recientemente, en un caso muy extraño, han venido a tu ciudad unos visitantes del espacio cuyo único idioma terrestre es el español. Hacen una visita a tu clase, donde todos tienen que responder a sus preguntas acerca del uso de varios objetos corrientes de la clase. La mitad de la clase hace el papel de los extraterrestres.

POR EJEMPLO: —¿Para qué sirve esto?
                        —Es un bolígrafo. Sirve para escribir.

Piensa en las preguntas y las posibles respuestas, y anótalas aquí:

_____

_____

_____

_____

2. ¡Estos niños inquisitivos!

Ya sabes lo inquisitivos que son los niños de unos tres o cuatro años. Tú estás ayudando a una vecina y te ha encargado de llevar a su hijo Pablito y a su hija Conchita a la ciudad. Los niños (tus compañeros) te hace un sinfín de preguntas sobre lo que hacen y ven. Todas las preguntas, claro, empiezan con *¿Para qué?* o *¿Por qué?*, y tú tienes que contestar.

POR EJEMPLO: —¿Por qué vamos en autobús y por qué no vamos andando?
                        —Porque está muy lejos para ir andando.

                        —¿Para qué sirve este botón? (señalando el botón del timbre en el autobús)
                        —Para parar el autobús.

Anota tus ideas para el diálogo aquí:

_____

_____

_____

_____

3. ¿Para qué estamos aquí?

Estás disfrutando de una discusión filosófica con un(a) amigo/a y, para empezar, todos tienen que pensar por lo menos en cinco preguntas acerca de nuestra existencia que empiecen con *¿Para qué?* o *¿Por qué?* y tu compañero/a tiene que contestar a las preguntas.

POR EJEMPLO: —¿Para qué existen las religiones?
—Para dar sentido a la vida.

—¿Por qué todavía hay tantas guerras?
—Porque los seres humanos todavía no han aprendido a respetar las creencias de otros.

Anota tus preguntas a continuación:

_____

_____

_____

_____

_____

para and *por*

chapter 40

The Personal A

mecanismos

This is one of the characteristics of Spanish. The preposition *a* comes before a direct object when the object is a specific person or persons.

EJEMPLOS: *Ayer vi a Pedro.*   I saw Peter yesterday.

            Llevaré a los niños al cole.   I'll take the children to school.

It is also often used when an animal is the direct object, when the animal is 'personalized.'

EJEMPLO: *Cada noche tenemos que pasear al perro.*
            Every night we have to walk the dog.

The personal *a* is not used, however, if the direct object is not specific. Compare these two examples:

> *¿Conoces al profesor que vive cerca del colegio?*
> Do you know the professor who lives near the school?

> *Buscamos un profesor que viva cerca del colegio.*
> We're looking for a professor who lives near the school.

In the second example, the direct object is not a specific professor but any professor who lives near the school. (See also Chapter 35 on the subjunctive.)

The following pronouns are also preceded by *a* when they are the direct object: *alguien, alguno, uno, ambos, cualquiera, nadie, otro, ninguno, quien, ¿quién?, todo.*

EJEMPLOS: *No veo a nadie.*   I can't see anyone.

            ¿Conoces a alguien aquí?   Do you know anyone here?

            ¿A quién escogiste?   Who(m) did you choose?

A is also used before *el que/el cual/la que/la cual,* etc. in a relative clause (see Chapter 43).

EJEMPLO: *Fue la mujer a la que habíamos visto aquel día.*
It was the woman (whom) we had seen that day.

Note that *querer* without the *a* usually means 'to want,' but with *a*, *querer* usually means 'to love!'

EJEMPLOS: *Quiero una hija.*   I want a daughter.

              Quiero a una hija.   I love one daughter (but not the others).

¡ponte a punto!

1. En la fábrica de tortillas

Rellena los espacios en blanco con la preposición *a* cuando sea necesario:

Recientemente fuimos a México mis compañeros de clase y yo con nuestra profesora. El primer día

visitamos _____ una fábrica de tortillas y conocimos _____ el director. ¡Éste preguntó _____

nuestra profe si entendíamos bien el español! Mientras estábamos allí visitamos _____ la sección donde

mezclan el producto y fuimos a ver _____ la encargada. Ella nos enseñó _____ el proceso de

producción y dijo que la fábrica emplea _____ cincuenta personas. Al terminar la visita fuimos a

buscar _____ un autobús que nos llevara al centro de la ciudad. Preguntamos _____ un hombre que

paseaba _____ su perro delante de la fábrica. Parecía que él no quería ayudar _____ nadie, pero poco

después encontramos _____ alguien que podía ayudarnos. Vimos _____ un taxista que comía

_____ un bocadillo en su taxi. Su taxi era demasiado pequeño para llevar _____ un grupo como

el nuestro, pero llamó por radio _____ sus colegas que acudieron en otros dos taxis. Durante los otros

días de la estancia encontramos _____ muchas personas interesantes y aprendimos _____ muchos

datos nuevos sobre México.

¡...y en marcha!

1. ¿A quién?

Utilizando verbos tales como *ayudar, querer, observar, mirar, escuchar, admirar, considerar, odiar, detestar, aborrecer, aprobar, desaprobar,* haz preguntas a tus compañeros/as.

POR EJEMPLO: —¿A quién ayudas más en casa?
                 —Ayudo más a mi madre/No ayudo a nadie.
                 —¿A qué deportista admiras?

—Admiro a Arantxa Sánchez.
—¿A cuál consideras el mejor conjunto de tu país?
—A . . .

Anota tus preguntas aquí antes de hacerlas:

_____

_____

_____

_____

chapter 41

For How Long?

mecanismos

When you want to say in Spanish how long you have been doing something, you have to take a number of factors into consideration. Here is some guidance.

If you have been doing something for a period of time and **are still doing it,** you need to use the present tense in one of the following constructions (a, b, or c):

EJEMPLOS:
- a) *Vivimos aquí desde hace cuatro años.*   We've been living here for four years.
- b) *Hace cuatro años que vivimos aquí.*
- c) *Llevamos cuatro años viviendo aquí.*

- a) *Estudio español desde hace seis meses.*   I've been learning Spanish for six months.
- b) *Hace seis meses que estudio español.*
- c) *Llevo seis meses estudiando español.*

To sum up:

> Action in present tense + *desde hace* + time
> or
> *Hace* + time + *que* + action in present tense
> or
> *Llevar* in present tense + time + action in gerund

The construction with *llevar* is very common and a useful idiom to know.

You can use *llevar* without the gerund to indicate that you have been somewhere for a certain time:

EJEMPLO: *Llevamos media hora aquí.*   We've been here (for) half an hour.

To ask how long someone has been doing something you would say:

¿Cuánto tiempo hace que . . ./Desde cuándo . . . (+ present tense)?

¿Cuánto tiempo llevas/lleva Ud. . . . (+ gerund)?

If you had been doing something, and **were still doing it** at the point of reference, you use the same construction, but put the verbs, including *hace,* in the imperfect: *hacía.*

EJEMPLOS:
Vivíamos allí desde hacía cuatro años, cuando nació Jaime.
Hacía cuatro años que vivíamos allí, cuando nació Jaime.
Llevábamos cuatro años viviendo allí, cuando nació Jaime.
We had been living there for four years when James was born.

Estudiaba español desde hacía seis meses cuando fui a Venezuela por primera vez.
Hacía seis meses que estudiaba español cuando fui a Venezuela por primera vez.
Llevaba seis meses estudiando español cuando fui a Venezuela por primera vez.
I had been learning Spanish for six months when I went to Venezuela for the first time.

The question 'How long had you been . . .ing?' would be:

¿Cuánto tiempo hacía que . . ./¿Desde cuándo . . . ? (+ imperfect tense)

¿Cuánto tiempo llevaba(s) . . . ? (+ gerund)

When you wish to talk about something which happened for a period of time in the past which is now complete, use *durante* or *por.*

EJEMPLOS:
Habló durante/por tres horas.
He spoke for three hours.

Durante/Por dos años no sabíamos dónde estaba.
For two years we didn't know where he was.

A number of verbs closely associated with time are just followed by the period of time without a word for 'for' as often happens in English.

EJEMPLOS: *Vivimos tres años allí.*   We lived there (for) three years.

   Estuve dos días en Machu Picchu.   I was in Machu Picchu (for) two days.

When referring to time in the future, use either *para* or *por* for 'for':

Vamos a Montevideo para/por una semana.
We're going to Montevideo for a week.

Again, with verbs such as *estar* and *vivir,* the preposition may be omitted, with the timespan immediately after the verb:

Estaremos tres días en Asunción.   We'll be in Asunción for three days.

¡ponte a punto!

1. Detalles personales

Cambia las frases siguientes usando *llevar* con el gerundio.

POR EJEMPLO: **Estudio francés desde hace seis años. > Llevo seis años estudiando francés.**

1. Sé nadar desde hace diez años. _____

2. Viajo al extranjero desde hace once años. _____

3. Vivimos en esta ciudad desde hace siete meses. _____

4. Salgo con mi novio/a desde hace año y medio. _____

5. Preparo mis exámenes finales desde hace nueve meses. _____

6. Hace mucho tiempo que hablo español. _____

7. Hace casi un año que estamos en esta clase. _____

8. Hace varios años que admiramos al profesor. _____

2. Los refugiados de guerra

Estás tratando de ayudar a una familia yugoslava, refugiados de la guerra civil en aquel país. El padre, que habla y escribe inglés muy bien, no sabe ni una palabra de español. ¿Puedes ayudarle a traducir su declaración al español?

> *We had been living in Sarajevo for two years when the war began. Before that we lived for five years in a village, where I worked for three years on a farm and for two years in a restaurant. When we left Sarajevo, there had been no water for four days. We had been traveling through (por) Europe for three months. We were in Italy for five weeks, then we went to London for six weeks. We have been waiting in London for four days and we wish to go to Spain and stay there for a few months or until the war is over* (hasta que se acabe la guerra).

Escribe tu traducción aquí:

_____

_____

_____

_____

_____

_____

_____

_____

_____

¡. . . y en marcha!

1. Entrevista

Estás buscando empleo, y para prepararte para la entrevista, pides a tu compañero/a de clase que te haga las preguntas que pudieran hacerte. Todas las preguntas tienen que empezar con '*¿Desde cuándo . . . ?*' o *¿Cuánto tiempo llevas . . . (-ando/-iendo) . . . ?*

POR EJEMPLO: —¿Cuánto tiempo llevas en tu colegio actual?
               —Llevo seis años allí.

               —¿Desde cuándo estudias idiomas?
               —Estudio francés desde hace seis años y español desde hace cuatro.

Anota algunas ideas para la entrevista a continuación:

_____

_____

_____

2. Currículum vitae

Ya has practicado para la entrevista, pero te han pedido que escribas un currículum vitae, detallando los aspectos más importantes de tu vida, tus estudios y tu personalidad. Escribe una pequeña 'autobiografía' indicando el tiempo que has pasado en cada etapa o aspecto de tu vida. Incluye por lo menos diez expresiones que indiquen el tiempo que pasaste en cada actividad o etapa.

POR EJEMPLO: **Nací en Puebla y viví allí tres años . . .**
Llevaba dos años yendo al colegio en San Miguel de Allende, cuando mi padre cambió de trabajo . . .

Escribe tu 'autobiografía' aquí:

_____

_____

_____

_____

_____

chapter 42

Prepositions

mecanismos

This chapter deals with prepositions other than those which have had a special chapter devoted to them.

A and *en*

A basically means 'to':

> *Escribo a mi hermana.*   I'm writing to my sister.

It sometimes means 'at' or 'in,' especially after a verb of motion:

> *Llegaron a Salamanca.*   They arrived at/in Salamanca.

En basically means 'in,' 'on,' and often 'at':

> *La tienda está en Toledo.*   The shop is in Toledo.

> *Te veré en la estación.*   I'll see you at/in the station.

A usually indicates motion to a place, but *en* indicates position in or on a place. Note the difference between:

> *Estamos en casa.*   We're at home. (position)

> *Vamos a casa.*   We're going home. (motion)

Be careful with phrases such as 'We're going to eat in the restaurant,' which is expressed as *Vamos a comer al restaurante,* the idea being that in fact you are going **to** the restaurant **to** eat.

A also means 'from' when used with verbs of 'separation' such as *robar, confiscar, quitar, comprar.*

EJEMPLOS: *Le compré la casa a un español.*
I bought my house from a Spaniard.

               Le quitaron el pasaporte al inmigrante.
They took the immigrant's passport. (They took the passport from the immigrant.)

Con means 'with' and is used much as in English but remember the special forms:

conmigo, contigo, consigo	with me, with you, with himself/herself/oneself

---

De

a) Besides the various usages mentioned elsewhere in this book, remember that *de* can mean 'from':

EJEMPLO: *Somos de Bogotá.* We're from Bogotá.

b) Watch out for verbs which are followed by *de,* such as:

llenar de	to fill with
cubrir de	to cover with

c) *Una taza de café* can mean both a cup of coffee or a coffee cup, just as *una botella de agua mineral* means either a mineral water bottle or a bottle of mineral water. If a clear distinction really needs to be made, say *una botella con agua mineral* for a bottle(ful) of mineral water, and *una botella para agua mineral* for a mineral water bottle!

Entre means 'between' or 'among.'

EJEMPLO: *entre amigos* between/among friends

Note also:

decir entre sí to say to oneself

Hacia means 'towards,' or the suffix '-wards.'

EJEMPLO: *hacia el cielo* towards the sky

Hasta means 'until,' 'up to,' 'as far as.'

EJEMPLOS:	*hasta ahora*	up to now, until now
	hasta luego	till then, 'see you'
	hasta la plaza	as far as the square

Según means 'according to,' or, if used with a verb, 'according to what . . .'

EJEMPLO: *Según dicen . . .* According to what they say . . .

prepositions

It can also stand by itself meaning 'it depends':

EJEMPLOS: —¿De acuerdo?   All right?

              —Según.   It depends.

Sin means 'without.' It usually comes before a noun without the indefinite article.

EJEMPLOS: *sin camisa*   without a shirt

              sin dinero   without any money

Sobre, en, encima de

a) *Sobre* and *en* both mean 'on (a vertical or horizontal surface)':

EJEMPLOS: *en la mesa*   on the table

              en la pared   on the wall

b) *Sobre* and *encima de* both mean 'on top of (a horizontal surface)':

EJEMPLO: *encima de/sobre la mesa* on (top of) the table

c) *Encima de* also means 'above':

EJEMPLO: *encima de la puerta*   above the door

   Por encima de meaning 'over' implies motion:

EJEMPLO: *Los globos volaban por encima de nosotros.*
              The balloons were flying over (the top of) us.

Detrás de and *tras* both mean 'behind,' though *tras* can also mean the same as *después de*: 'after,' 'as a result of.'

EJEMPLOS: *tras los sucesos de hoy* after today's events

              correr tras   to run after

Delante de and *ante* both mean 'in front of,' 'before' in that sense. *Ante* often suggests 'in the presence of,' 'faced with':

EJEMPLOS: *comparecer ante el juez* — to appear before the judge

ante este problema — faced with this problem

Other useful prepositions

a causa de	because of
a razón de	because of, owing to
acerca de } *al asunto de* }	about, on the subject of
al lado de	beside, next to
al otro lado de	on the other side of
alrededor de	around
bajo	under
contra	against
debajo de	under, beneath
debido a	due to, owing to, because of
desde	from, since
desde . . . hasta . . .	from . . . to/until . . .
después de	after
dentro de	inside, within
dentro de cinco minutos	in five minutes' time
enfrente de	opposite (*not* in front of)
frente a	faced with/confronted with, in consideration of, opposite
junto a	next to
mediante } *por medio de* }	by means of
a pesar de } *pese a* }	in spite of
en torno a	around

Note: *estar en contra de* — to be against

Finally, note that many of the prepositions which are followed by *de* can be used as adverbs by omitting the *de*.

EJEMPLOS: *Los que van delante . . .* — Those who go in front . . .

Viven enfrente . . . — They live across . . .

Lo que ves debajo . . . — What you can see below . . .

prepositions

¡ponte a punto!

1. La casa de mis sueños

Rellena los espacios en blanco con una preposición que convenga al sentido:

(1) _____ la casa (2) _____ mis sueños habría muchas

habitaciones. (3) _____ la sala de estar, (4) _____ el suelo, habría

una alfombra persa. (5) _____ la chimenea habría unas butacas muy cómodas,

y (6) _____ éstas unos cojines de lujo. (7) _____ las ventanas

habría unas cortinas lujosas y (8) _____ el marco de la ventana unas persianas para

protegernos del sol. (9) _____ la chimenea tendría una pintura de Picasso.

(10) _____ el primer piso habría varios dormitorios, cada uno

(11) _____ cuarto de baño. (12) _____ las paredes de éstos habría

azulejos. (13) _____ el sur de España hay mucha sequía. (14) _____

este problema instalaría (15) _____ el techo de la casa un gran depósito para recoger

agua. (16) _____ la casa tendría un jardín, donde trataría de cultivar flores

(17) _____ lo seco del clima. (18) _____ todo este sueño me

van a preguntar ¿(19) _____ dónde voy a sacar el dinero? Pues en efecto

(20) _____ un éxito (21) _____ la lotería, no habrá problema,

excepto que tengo que esperar (22) _____ el año que viene el permiso de

construir. (23) _____ el gobierno actual hay muchas reglas, pero no estoy

(24) _____ ellas. ¡Quiero tener buenas relaciones (25) _____

los que viven (26) _____!

chapter 43

Relative Pronouns and Adjectives

mecanismos

A relative pronoun or adjective is one which joins two clauses in order to give more information about a noun or pronoun, for example: the house in which (where) I was born, the woman who left her gloves on the bus, the person whose photo was in the paper, the one that got away, etc.—in other words, 'who,' 'whom,' 'which,' 'that,' 'whose,' 'where,' 'when.'

It is important to differentiate between **relative** pronouns or adjectives, which are link words, and **interrogative** pronouns or adjectives, which ask questions. In English, words such as 'who,' 'what,' and 'which' have both a relative and interrogative function, and the same is true in Spanish. Interrogative (question) words are dealt with in Chapter 44.

Remember: **Relative pronouns do not ask questions.**

What follows below should give you guidance through an area of Spanish where only some rules are hard and fast. Here are the main rules, with some variations you are sure to meet.

'Restrictive' and 'non-restrictive' clauses
It is helpful to remember that a 'restrictive' relative clause is one which, quite literally, restricts the scope of the antecedent, and there is no comma or pause between the antecedent and the relative pronoun. For example:

> The girl who works in the tourist office is our neighbor.

Which girl?—the one who works in the tourist office. The relative clause restricts the reference to this one particular girl.

A 'non-restrictive clause' does not restrict the scope of the antecedent; it simply provides more information, and the antecedent and relative are separated by a comma. For example:

> The girl, who works in the tourist office, is our neighbor.

In this case, 'who works in the tourist office' simply adds some extra information about the girl.

Relative pronouns 'who,' 'whom,' 'which,' and 'that'

a) The relative pronoun *que* is usually used, referring to a person or persons or a thing or things, as the subject of a 'restrictive clause.'

EJEMPLOS: *El problema que se plantea es éste.*
The problem which presents itself is this.

la chica que trabaja en la oficina de turismo
the girl who works in the tourist office

b) If the clause is 'non-restrictive' (it simply gives more information about the antecedent), you can also use *que* or else *quien* or *el cual (la cual/los cuales/las cuales)*.

EJEMPLO: *La chica, que/quien/la cual trabaja en la oficina de turismo, fue víctima del accidente.*
The girl, who works in the tourist office, was a victim of the accident.

Note the comma (or a pause in speech) in this case.

c) Use *que* as the direct object of the clause, referring either to a person or a thing:

EJEMPLOS: *El problema que prevemos es éste.*
The problem (which/that) we foresee is this.

la chica que vimos en la oficina de turismo
the girl (whom/that) we saw in the tourist office

When a person is the object, as in the above example, the tendency is to use the personal *a* with *el que* or *quien*:

la chica a la que/a quien vimos en la oficina de turismo

This form **must** be used in non-restrictive clauses.

EJEMPLO: *La chica, a la que habíamos visto en la oficina de turismo, fue víctima del accidente.*
The girl, (whom) we had seen in the tourist office, was a victim of the accident.

d) After prepositions use *el que/la que/los que/las que* referring to people or things, or *quien/quienes* for people only, though there is a tendency for *a, de, con,* and *en* to be followed by *que* without the article *el/la/los/las.*

EJEMPLOS: *la oficina en (la) que vimos a esa mujer*
the office in which we saw that woman

la mujer con la que/con quien hablamos en la oficina
the woman we spoke with* (with whom we spoke) in the office

*Note that the preposition ('with' in this case) cannot come at the end of the clause as in English, and must always precede the relative pronoun.

e) The relative pronoun can never be omitted in Spanish as it often is in English, as in the above example.

f) There is yet another form which may be used with a preposition: *el cual/la cual/los cuales/las cuales*, and which tends to be used after the longer compound prepositions, such as *delante de, detrás de,* in non-restrictive clauses. In spoken Spanish, however, this tends to sound rather stilted.

EJEMPLO: *Los árboles, debajo de los cuales estaban sentados . . .*
The trees under which they were sitting/The trees they were sitting under . . .

Both *el que* and *el cual* take their gender and number from the noun they refer to—*los cuales* refers to *los árboles* in this example.

g) When 'which' refers to an idea, not to a noun with a specific gender, *lo que* or *lo cual* is used.

EJEMPLO: *Llegaron tarde, lo que me dio más tiempo para preparar algo de comer.*
They arrived late, which gave me more time to prepare something to eat.

- 'Whose'

The relative adjective *cuyo/a/os/as* means 'whose' and agrees with the thing possessed.

EJEMPLO: *Es un director cuyas películas son muy divertidas.*
He's a director whose films are very amusing.

- *El que/La que* mean 'he/she who', 'the one which'; *los que/las que* mean 'those who, the ones who/which.'

EJEMPLO: *Hablando de películas, la que me gusta más es . . .*
Talking of films, the one (which) I like best is . . .

- *Lo que* means 'what' in the sense of 'that which.'

EJEMPLO: *Eso no es lo que quiero.*   That isn't what I want.

¡ponte a punto!

1. La familia real española

Rellena los espacios en blanco con un relativo que convenga al sentido.

El papel (1) _____ cumple el Rey de España no es ejecutivo. Juan Carlos es

un rey (2) _____ papel se describe en la constitución como 'parlamentario'.

Sin embargo en 1982 fue el rey (3) _____ impidió el golpe de estado

(4) _____ hubiera aniquilado la joven democracia española. Don Juan Carlos fue

traído desde Portugal a España cuando tenía muy pocos años por el General Franco,

(5) _____ quería educarlo en su molde. Cuando don Juan Carlos sucedió a

Franco, los españoles, (6) _____ pensaban que sería como el viejo general, bajo

(7) _____ habían vivido tantos años, tuvieron una sorpresa muy grande. El líder

comunista, (8) _____ apodó al rey Don Juan Carlos el Breve, admitió más tarde

que se había equivocado.

El rey y la reina Sofía, (9) _____ familia consiste en dos hijas y un hijo,

(10) _____ es el príncipe de Asturias y heredero del trono, llevan una vida

bastante modesta para la realeza en el palacio de la Zarzuela, (11) _____ se

encuentra en las afueras de Madrid. Una cosa (12) _____ le irrita al rey es

cuando los presidentes visitantes, con (13) _____ tiene que encontrarse

se atildan con medallas y otros adornos. Él dice que prefiere llevar un traje de negocios,

(14) _____ por lo menos es más cómodo. A veces en invierno una

cosa (15) _____ le gusta hacer es escaparse a las pistas de esquí,

(16) _____ se mezcla con la gente. Las condiciones bajo

(17) _____ vive la familia real española parecen algo más normales

que (18) _____ llevan sus equivalentes en el Reino Unido,

(19) _____ son mucho más ricos.

2. Guía turística

El director de turismo de una región española tiene una cinta muy vieja de un comentario sobre la
región y quiere que tú lo transcribas para volver a hacer una grabación mejor. Has transcrito todo lo que

puedes, pero por desgracia no se oyen bien ciertas palabras y ahora tienes que adivinar las palabras que faltan. ¡Qué coincidencia que todas sean expresiones relativas! Rellena entonces los espacios en blanco:

Aquí se encuentra la abadía, (1) _____ es una gran iglesia del siglo XV, y al lado

(2) _____ ustedes verán lo (3) _____ se llama el campanario,

(4) _____ fue construido en el siglo XVIII. Es un edificio (5) _____

exterior es muy típico de esa época, y debajo (6) _____ se descubrieron en el siglo

XIX los famosos Baños Romanos. Continuamos por esta calle, (7) _____ hasta hace

unos pocos años llevaba mucho tráfico, pero (8) _____ ahora está peatonalizada,

(9) _____ les ha gustado a la mayoría de los habitantes. Ésta es una ciudad

(10) _____ centro es muy compacto, pero (11) _____ ha sido

parcialmente estropeado por estos edificios modernos, delante de (12) _____ ustedes se

encuentran ahora. Más abajo, los arcos del ferrocarril son obra del famoso ingeniero Brunel, de

(13) _____ ya les hemos hablado y (14) _____ fama es

internacional.

¡...y en marcha!

1. Careo de sospechosos

Tus compañeros/as tienen que adivinar a quién estás describiendo. Decidan primero entre ustedes a qué tipo de persona vas a describir—a sus amigos, profesores, estrellas de televisión o cine, personajes deportivos, etc. Se pueden escoger también ciudades o países. Tienen que emplear por lo menos dos cláusulas relativas en cada descripción.

POR EJEMPLO: **Es el que siempre juega al fútbol y que tiene pecas en la cara.** (el Sr. X)

Es una profesora con quien estudiamos historia y cuya hija está en cuarto curso de este colegio. (la Sra. X)

Anota tus ideas para las descripciones aquí:

_____

_____

_____

_____

2. Definiciones

Trabaja con una pareja. Uno/a de ustedes es un estudiante de español que tiene problemas de vocabulario, y pide al otro explicaciones de palabras que no conoce. Claro que las explicaciones tienen que contener palabras relativas.

POR EJEMPLO: —¿Quieres explicarme qué es una panadería?/el ozono?
—Es una tienda en que se vende pan.
—Es un gas que es un compuesto del oxígeno, que es muy importante para la protección contra la radiación y cuya capa en ciertos sitios se está volviendo peligrosamente tenue.

Anota tus preguntas a continuación:

_____

_____

_____

3. Los padres hispanos

Dos miembros de la clase son los padres de un(a) nuevo/a alumno/a hispanoparlante, y los otros/las otras les enseñan el colegio. Los padres hablan poco inglés, y hay que explicarles todo acerca del colegio, empleando un plano, a ser posible. Claro que las respuestas tienen que contener expresiones relativas.

POR EJEMPLO: —¿Qué es esta aula?
—Es el aula en que estudiamos geografía.

—¿Quién es aquel hombre?
—Es el profesor: es el que enseña idiomas.

Piensa en algunas preguntas que pueden hacer y sus respuestas lógicas, y anótalas aquí:

_____

_____

_____

_____

chapter 44

Interrogatives and Exclamations

mecanismos

Interrogatives are words which are used to ask questions. Not all questions contain one, of course: a question in Spanish can be the same as a statement, with the question marks indicating the question in written form, and the appropriate intonation pattern identifying it as a question in spoken form.

In some cases there is a word-order pattern similar to that found in English questions—where the subject and verb are inverted—but this is not essential due to the flexibility of Spanish word order generally, and in particular because in Spanish subject pronouns are not usually needed.

EJEMPLOS: *¿Vas al café conmigo?*
Are you going to the café with me? (same as statement)

¿Pepe sabe que vamos?/¿Sabe Pepe que vamos?
Does Pepe know we are going? (with or without inversion)

¿Va a la discoteca, o no?
Is he/she going to the disco, or not? (no separate subject word, no inversion possible)

Interrogative words all ask for a specific piece of information in the answer, rather than simply for a 'yes' or 'no' response. They all have a written accent on the stressed vowel. They can all be used in both direct and indirect questions (see Chapter 45) and always carry the accent when being used in an interrogative role, whether in direct or indirect questions. Most are pronouns or adverbs, and two (*¿cuánto/a/os/as?* and *¿qué?*) can be used either as an adjective or as a pronoun. *Cuál(es)* is a pronoun, and has to match in number the noun to which it refers.

Interrogatives

¿Cómo?	How?
¿Cuál? ¿Cuáles?	Which one? Which ones?
¿Cuándo?	When?
¿Cuánto/a/os/as?	How much/How many?
¿Dónde?	Where?
¿Adónde?	Where to?
¿De dónde?	Where from?
¿Qué?	What? Which?
¿Para qué?	What for?
¿Por qué?	Why?
¿Quién?	Who?
¿De quién?	Whose?

Most are straightforward in meaning and use, but the following need some explanation.

a) *¿Quién?* always means 'Who(m)?', and can be used with various prepositions.

EJEMPLOS:	*¿Quién es este chico?*	Who is this boy?
	¿A quién diste la carta?	To whom did you give the letter?
	¿Con quién fuiste?	Who did you go with/With whom did you go?
	¿De quién es este libro?	Whose is this book?

b) *¿Qué?* usually means 'What?' and it, too, can be used with various prepositions.

EJEMPLOS:	*¿Qué es?*	What is it?
	¿Qué vas a hacer?	What are you going to do?
	¿Qué libros prefieres?	What/Which books do you prefer?
	¿De qué es?	What is it made of?
	¿En qué quedamos?	What do we agree to?
	¿Para qué estudias?	What are you studying for?

Note that the preposition must come at the beginning of the sentence.

c) *¿Qué?* also means 'Which?' but only when used with a noun.

EJEMPLO:	*¿Qué película prefieres?*	Which film do you prefer?

d) *¿Cuál?* means 'Which one?', implying a choice.

EJEMPLOS: *Tengo dos manzanas. ¿Cuál quieres?*
I have two apples. Which (one) do you want?

¿Cuáles de estos sellos te gustan más?
Which (ones) of these stamps do you like most?

e) *¿Cuánto?* can be used either as an adjective or a pronoun, in which case it agrees with the noun referred to, or as an adverb, when it is invariable.

EJEMPLOS: *¿Cuántas naranjas quieres?*   How many oranges do you want?

¿Cuánto dinero tienes?   How much money have you got?

¿Cuánto vale?   How much does it cost?

f) *¿Cómo?* usually means 'How?', but can sometimes mean 'Why?'.

EJEMPLOS: *¿Cómo lograste hacerlo?*   How did you manage to do it?

¿Cómo no?   Why not?

Note also its use in '*¿Cómo te llamas?*' (What's your name?)

Several of the interrogatives can also be used in exclamations. Note that they still carry the written accent:

¡Qué (+ noun) + más/tan (+ adjective)!'
¡Qué (+ adjective + noun)! } What a (+ adjective + noun)!

¡Cuánto/a (+ noun)!   What a lot of (+ noun)!

Note also exclamations based on a verb: '*¡Cómo (+ verb)!'*

EJEMPLOS: *¡Qué pena!*   What a shame!

¡Qué niña más guapa!   What an attractive girl!

¡Cómo has crecido!   How you've grown!

¡Cuánta comida!   What a lot of food!

¡ponte a punto!

1. El relleno

He aquí una serie de frases interrogativas o exclamaciones. Tienes que poner en el espacio una interrogación o una exclamación.

1. ¿_____ llama a la puerta?

2. ¿_____ gente viene a la fiesta?

3. ¿————————— necesitas tanto dinero?

4. ¿————————— vas a la exposición?

5. ¿————————— se llaman estos animales?

6. ¿————————— de estos cuadros prefieres?

7. ¿————————— pintor los pintó?

8. ¿————————— vas a ir al aeropuerto?

9. ¿————————— encontraste mis gafas? En la silla?

10. ¿————————— van estos niños tan de prisa?

11. ¿————————— llegará el autobús?

12. ¡————————— me gusta la sopa cuando hace frío!

13. ¡————————— lástima!

14. ¡————————— chico más imbécil!

15. ¡————————— gente en una plaza tan pequeña!

2. Interrogatorio

He aquí un artículo que contiene muchas interrogaciones y exclamaciones. ¡Por desgracia, éstas se han borrado, y tienes que rellenar los espacios!

¿Hasta (1) ————————— van a llegar los extremos, en lo que se refiere a los

excesos de los jóvenes? ¡(2) ————————— desgracia la juventud de hoy!

¿(3) ————————— se rebelan, y (4) ————————— van a terminar las

manifestaciones de falta de control y disciplina? ¿(5) ————————— gente tiene que

morir y (6) ————————— carros tienen que estrellarse o incendiarse antes de que se

ponga fin a los conductores borrachos? ¿(7) ————————— disturbios tenemos que sufrir

y en (8) ————————— ciudades? ¿(9) ————————— podrá la policía

conseguir lo que necesita para poder controlarlos? ¿(10) ————————— gente quiere ver

a muchos de estos jóvenes en la cárcel! ¡(11) ————————— valientes son algunos,

y (12) ————————— valientes también los bomberos que tienen que sufrir tantas injurias

y ataques mientras tratan de salvar los edificios incendiados! ¡(13) —————————

imbéciles e irresponsables son los que cometen estos delitos! ¿(14) ————————— es la

culpa de todo esto? ¿(15) ————————— va a encargarse de una vez de esta situación?

¡(16) ————————— nos gustaría encontrar una solución a estos problemas!

¡...y en marcha!

1. El curioso/La curiosa impertinente

Haces el papel de un(a) niño/a muy joven, que habla con sus papás o con sus hermanos mayores. Tienes que hacerles una serie de preguntas, generales o específicas, según lo que están haciendo o diciendo. Tienen que contestarte como mejor puedan.

POR EJEMPLO:

Tú: ¿Papá, por qué estás arreglando la bicicleta? ¿Cuánto tiempo vas a tardar?

Papá: Porque está averiada y quiero continuar hasta terminarlo . . . ¡si me dejas en paz!

Anota tus ideas aquí:

_____

_____

_____

2. ¡Qué bien!

Ahora haces el papel del padre/de la madre. Tu hijo/a te muestra algo, o te explica algo que ha hecho. Tú tienes que reaccionar como buen padre/buena madre.

POR EJEMPLO:

Niño: Mira, mamá, ¡mira este pajarito de papel que acabo de hacer! Qué bonito es, ¿verdad?

Mamá: ¡Qué bonito es, en efecto! ¡Cuántos ojos tiene! Y tú, ¡qué listo eres!

Anota tus ideas a continuación:

_____

_____

_____

3. La carta

Imagina que vas a pasar las vacaciones viajando por Chile con un(a) amigo/a chileno/a. Escríbele, haciéndole una serie de preguntas, sobre las cosas que quieras saber, y exclamaciones, para las cosas que quieras hacer.

POR EJEMPLO: ¿Cómo vamos a viajar, y adónde vamos primero? ¡Cuánto me gustaría visitar Valparaíso!—¡qué ciudad más bonita!

interrogatives and exclamations

Escribe tu carta a continuación:

_____

_____

_____

_____

_____

chapter 45

Direct and Indirect Speech

mecanismos

Direct speech
Direct speech in Spanish is essentially the same as in English, although the punctuation is different.

EJEMPLOS: *—Hola, Juan, dijo Pablo.*

    —Hola. ¿Qué vamos a hacer hoy? —preguntó Juan.

    «Buenos días», dijo el cura.

Indirect speech
The following points should be observed about indirect statements:

a) In Spanish, the word *'que'* is always needed when introducing the quoted part of indirect speech, even though in English the word 'that' is usually omitted.

EJEMPLOS: *Dijo que iría mañana.* She said (that) she would go tomorrow.

    Contestó que no le gustaba nada. He answered that he didn't like it at all.

b) The sequence of tenses in indirect speech reflects English usage rather closely, except in those cases in which the subjunctive is needed (see Chapter 34).

EJEMPLOS: *Dice mi madre que no puedo salir.* My mother says I can't go out.

    Decía que no sabía nada.   He used to say that he knew nothing.

    Dijiste que me querías.   You told me you loved me.

Indirect questions, similarly, should prove straightforward except that the following points need to be remembered:

a) Interrogative words still need to have the written accent as usual, even though there are no question marks around the sentence. Thus:

Me preguntaron '¿Dónde lo compraste?'   They asked me 'Where did you buy it?'

becomes in indirect speech:

Me preguntaron dónde lo había comprado.   They asked me where I had bought it.

And

Voy a preguntarle '¿Cómo se hace?'   I'm going to ask him 'How is it done?'

becomes in indirect speech:

Le voy a preguntar cómo se hace.   I'll ask him how to do it/how it's done.

b) Many indirect questions may not appear obviously to be questions at all. You can identify them by asking yourself whether at the moment of speaking, the person involved would probably have asked a question. If so, use an interrogative. Note also that *'qué'* may often be replaced by the relative *'lo que,'* except before an infinitive, when *'qué'* must be used.

EJEMPLOS: *Mi amigo quería saber a qué hora íbamos a llegar.*
My friend wanted to know what time we were going to arrive.

Dime cuánto tengo que pagar.
Tell me how much I have to pay.

Quiere saber qué/lo que vas a hacer.
He wants to know what you are going to do.

No sé qué hacer.
I don't know what to do.

c) Once again, the sequence of tenses is similar to that in English, except where Spanish requires a subjunctive (see Chapters 31 and 34). When changing direct speech into indirect speech, verbs in the present tense change into the imperfect, and perfect or preterite into the pluperfect.

EJEMPLO: —*Te he comprado un regalo porque te quiero.* > *Dijo que le había comprado un regalo porque la quería.*
"I've bought you a present because I love you." > He said that he had bought her a present because he loved her.

¡ponte a punto!

1. Reportaje

Cambia la siguiente conversación a discurso indirecto.

Julio:	Bueno, vamos a ir a la fiesta esta tarde. ¿Qué te parece?
Marisa:	De acuerdo. ¿A qué hora vamos a salir?
Julio:	Sobre las ocho. Pero primero iremos a cenar a la cafetería.
Marisa:	¿Qué me pongo, el vestido rojo o el azul? ¿Cuál prefieres?
Julio:	El azul, creo. Yo me voy a poner unos tejanos y la camiseta verde.
Marisa:	¿Tenemos que llevar algo a la fiesta?
Julio:	No, Manuel dijo que no hacía falta. ¿Dónde nos vemos?
Marisa:	Delante de mi casa, ¿no? Hasta luego.

POR EJEMPLO: **Julio dijo que él y Marisa iban a ir . . .**
Marisa contestó que . . .

Puedes escribir la conversación "indirecta" aquí:

_____

_____

_____

_____

_____

_____

_____

_____

¡ . . . y en marcha!

1. Los sordos

Estás hablando con dos amigos, uno de los cuales no oye muy bien a causa de su resfriado. Por eso, tú y tu otro amigo tienen que repetir cada uno lo que dice el otro.

POR EJEMPLO: A. **Ganamos el partido dos a cero. ¿Qué hiciste tú esta tarde?**
B. **¿Cómo? ¿Qué dice?**
C. **Dice que ganaron el partido, y quiere saber qué hiciste esta tarde.**

Anota tus ideas para el diálogo aquí:

_____

_____

direct and indirect speech

2. Ayer

¿Qué tal tu memoria? ¿Recuerdas todo lo que ocurrió ayer? A ver si lo recuerdan tus compañeros/as de clase. Pide a uno de ellos que te cuente todo lo que hizo. Escúchale bien, luego escribe un resumen de lo que hizo.

En cada frase tendrás que usar una de las siguientes expresiones: *Dijo que . . . Continuó diciendo que . . . Añadió que . . . Me aseguró que . . . Preguntó si . . .*

POR EJEMPLO: Si John dice: 'Ayer me levanté a las ocho. Llamé a mi novia, le pregunté ¿Quieres ir a la playa?', tú escribes:

John dijo que ayer se levantó a las ocho. Dijo que llamó a su novia, y que le preguntó si quería ir a la playa.

Escribe tu resumen a continuación:

_____

_____

_____

_____

_____

chapter 46

Suffixes

mecanismos

A suffix is added to the end of a word to modify its meaning. In Spanish suffixes are usually:

a) diminutive, making the person or object smaller, like 'pig–piglet' in English.

b) augmentative, making the object larger, or

c) pejorative, bringing out, for example, the ugliness, coarseness, or stupidity of the person or object.

All these suffixes give Spanish its own peculiar expressiveness, often adding an emotional tone to the word in question from the point of view of the speaker. They are, therefore, rather tricky ground for the non-native speaker to venture into.

Diminutives

The most usual diminutive is *-ito/-ita*, but you will also come across *-illo/-illa, -ico/-ica, -ino/-ina, -uelo/-uela, -ín/ina, -ete/eta*. There are also variants with the forms *-cito/-cita, ecito/-ecita, -ececito/-ececita*, depending on the word.

Diminutives make things smaller.

EJEMPLOS: *una mesita*   a small table

             un chiquito   a little boy

But sometimes they are used to denote endearment.

EJEMPLOS: *abuelita*   Granny

             Pedrito   little Peter, Pete

Sometimes, though, they tone down the basic word.

EJEMPLOS: *¡Tontita!*   (Don't be a) silly girl! (diminutive of *tonta*, 'foolish/ silly')

             una mentirilla   a fib (diminutive of *una mentira*, 'a lie')

The suffix *-illo/-illa* often suggests insignificance, as other variations sometimes do.

EJEMPLO: *aquel hombrecillo*   that little squirt

Augmentatives

Augmentatives often imply clumsiness, awkwardness, or excess. Common ones are *-ón/-ona, -azo/-aza, -ote/ota, -udo/-uda.*

EJEMPLOS: *mandón/mandona*   bossy

la palabrota   swearword

orejudo/a   big-eared

The suffix *-udo* can be added to most parts of the body in this sense: *cabezudo* with a large head, *barrigudo* fat-bellied.

Pejoratives

The common endings are *-aco/-aca, -acho/-acha, -ajo/-aja, -uco/-uca, -ucho/-ucha, -ejo/-eja.*

These denote ugliness, squalor, dinginess, and so on.

EJEMPLOS: *un poblacho*   a 'crummy' village

un hotelucho   a 'run-down' hotel

¡...y en marcha!

La prensa

Toma una revista popular en español y busca ejemplos de estos sufijos en algunos de los artículos. Haz una lista de ellos en su contexto y luego comenta con tus compañeros/as cómo los traducirías al inglés.

Anota algunas de estas palabras aquí:

_____

_____

_____

_____

chapter 47

Accentuation, Stress, Vowels, Diphthongs

mecanismos

Stress and accents

In any word of more than one syllable in Spanish, one syllable is stressed, that is, it is emphasized more than the others. There is nothing new in this—we do it in English: h<u>a</u>mster, c<u>o</u>ckroach, prolifer<u>a</u>tion.

You can even change the meaning of a word by changing the stress.

For example: When the garbage collectors go on strike, they ref<u>u</u>se to collect the r<u>e</u>fuse!

The same can happen in Spanish.

EJEMPLOS:	*Hablo.*	I speak.
	Habló.	He/she spoke.

The accent on *habló* is the clue to the stress system in Spanish. There are three stress rules:

1. Words ending in a vowel or *-n* or *-s* are stressed on the next-to-last syllable, without the need for an accent:

   c<u>a</u>so, c<u>a</u>sas, c<u>a</u>sa, c<u>a</u>san; f<u>e</u>o, f<u>e</u>os, f<u>e</u>a, f<u>e</u>as; l<u>i</u>bro, l<u>i</u>bros; qui<u>e</u>ro, qui<u>e</u>res, qui<u>e</u>re, qui<u>e</u>ren

   You can now see why *-n* and *-s* are included in this rule. When you give nouns, adjectives, and verbs plural endings, you do not usually have to worry about accents.

2. Words ending in a consonant except *n* or *s* are stressed on the last syllable and do not need an accent.

   ciud<u>a</u>d, rel<u>o</u>j, princip<u>a</u>l, habl<u>a</u>r, com<u>e</u>r, viv<u>i</u>r (and all verb infinitives), est<u>o</u>y, arr<u>o</u>z

3. Words which do not behave according to rules 1 and 2 above have an acute accent (´) on the stressed syllable. They fall mainly into the following groups:

- words with a stressed final vowel:

  café, israelí, champú, ojalá

  including a number of preterite and future endings:

  hablé, habló; comí, comió; comeré, comerá

- words ending in *-n* or *-s* stressed on the last syllable:

  future endings: *comerás, comeréis, comerán;*

  present tense (*vosotros*) endings: *habláis, coméis, vivís*

  many words ending in *-ión, -ón, -és*: *estación, mandón, inglés*

  (which lose the accent in the plural or feminine because they then observe rule 1: *estaciones, mandones, mandonas, ingleses, inglesas*)

- words ending in a consonant other than *n* or *s* stressed on the next-to-last syllable:

  alcázar, almíbar, Almodóvar, Cádiz

- words stressed on any other syllable (usually the second from last):

  buenísimo, teléfono, polígono, kilómetro, Córdoba

  Watch out for imperatives, infinitives and gerunds with pronouns at the end:

  dígame, decírtelo, escribiéndole

  and words ending in unstressed *-en* in the plural: *imagen > imágenes*, etc.

- words in which the accent is used to separate and stress a 'weak' vowel (see below):

  panadería, comían, continúa

- words where the accent is used to distinguish:

  i) between two words which are otherwise spelled in the same way:

de	of		*dé*	give (imperative)
mas	but		*más*	more
se	(reflexive pronoun)		*sé*	I know; be! (imperative)
si	if		*sí*	yes; oneself
mi	my		*mí*	me
tu	your		*tú*	you
te	you		*té*	tea
solo	alone		*sólo*	only

  ii) between demonstrative adjectives and pronouns (see Chapter 6):

  este libro y ése   this book and that one

  esa mesa y aquélla   that table and the one over there

  You can tell the pronoun form because it is never immediately followed by a noun, and the accent always comes on the first *e* (even if there is only one!):

  éste, ésos, aquéllas

Remember, though, that the neuter forms *esto, eso, aquello* have no accent because there is no corresponding adjective.

iii) interrogative words *¿dónde?, ¿cuándo?,* etc. (see Chapter 44).

4. The only other accents you will find in Spanish are:

the *tilde* (˜) on the *ñ*:

señor, mañana

the 'diaeresis' (¨) used in the combination *güe* and *güi* to indicate that the *u* is pronounced:
vergüenza, argüir

There is no 'grave' (`) or 'circumflex' (^) accent in Spanish!

Vowels and diphthongs

Of the five vowels (*a, e, i, o, u*), the 'strong' ones are *a, e,* and *o*, and the 'weak' ones *i* and *u*.

Two strong vowels occurring together are always pronounced separately and make two syllables:

| *leo* (le-o) | *cae* (ca-e) | *roer* (ro-er) | *feo* (fe-o) | *fea* (fe-a) |

and the normal stress rules apply (see 1 and 2 above).

When a strong and a weak vowel occur together, they combine to form a 'diphthong': two vowels sounded together in one syllable. The stress falls on the strong vowel and if an accent is needed, it goes on the strong vowel *a, e,* or *o*:

aire, aceite, oigo, Austria, Europa, agria, Dios, habláis, coméis

This combination counts as one syllable, but if the weak vowel *i* or *u* needs to be stressed, it carries an accent and becomes a separate syllable:

comía (and all that set of imperfect and conditional endings)

panadería (and most shops except *farmacia*)

día, envían, frío, actúa, caído, leído

Compare *Dios* (one syllable) and *días* (two syllables).

When the two weak vowels occur together (*iu* or *ui*), they form one syllable with the stress on the second vowel:

viudo, fui, ruido, destruido

¡ponte a punto!

1. ¡Acentos!

Ordena las palabras siguientes en columnas, añadiendo acentos cuando faltan:

Columna A: las que deben llevar acento
Columna B: las que no tienen acento
Columna C: las que llevan acento o no, según su sentido

administrativo	revolver	hospital
cesped	traigame	naciones
firmo	vino	te
lapiz	anden	vengo
racion	construyo	cambio
trae	guardia	champu
vereis	monton	imagen
alemanes	saco	pijama
como	Valladolid	telefono
frances	arabe	verdad
marroqui	continuo	

Por ejemplo:

A	B	C	
		i) *con acento*	ii) *sin acento*
nación	debajo	habló	hablo

¡...y en marcha!

¡Más acentos!

¡A ver si se te ocurren más ejemplos como los de arriba! Apúntalos a continuación:

A	B	C	
		i) *con acento*	ii) *sin acento*
_____	_____	_____	_____
_____	_____	_____	_____
_____	_____	_____	_____
_____	_____	_____	_____
_____	_____	_____	_____
_____	_____	_____	_____
_____	_____	_____	_____
_____	_____	_____	_____
_____	_____	_____	_____
_____	_____	_____	_____

chapter 48

Spanish Spelling

mecanismos

This final chapter, for reference and without practice exercises, offers you a few hints about the Spanish spelling system, which is one of the most straightforward of any language if you take trouble to master a few basic rules.

Vowels: a, e, i, o, u

These are always given their full value in speech and never omitted or reduced in value as in English and many other languages: compare the English and Spanish pronunciation of Austria/*Austria*, cafeteria/*cafetería*, union/*unión*.

Combinations of vowels are dealt with in Chapter 47.

Consonants

There are very few double consonants. In fact, the only double consonants you will find are pronounced differently from the corresponding single one. These are: *ll, rr, cc, nn.*

ll   **Compare** *ola* (wave) and *olla* (pot), *loro* (parrot) and *lloro* (I cry).

rr   Compare *pero* (but) and *perro* (dog).

cc   Here the first *c* is pronounced 'k' and the second 's' (or 'th' in Spain), as in *acción* or *lección.*

nn   This occurs in words beginning with *n* and to which the prefix *in-* has been added to make them negative: *innegable* (undeniable), and also in the word *perenne* (perennial) and a few other rare words. You do, in fact, pronounce both *n*'s.

No other consonant occurs double in true Spanish words, though you will find them in imported words: *casete* is often spelled *cassette* in Spanish.

Students are sometimes confused by words, particularly verbs, which change their spelling according to their ending, such as:

buscar > busqué, empezar > empecé

The following tables will help you to decide whether to use *c, z, qu, g, j, gu, gü* in combination with the following vowel:

Sound	'k'	's' ('th' in Spain)	'kw'
before *a*	*casa*	*zapato*	*cuanto*
before *e*	*que*	*cero*	*cuento*
before *i*	*quito*	*cita*	*cuidado*
before *o*	*como*	*zona*	*cuota*
before *u*	*cubo*	*zumo*	—
at end of word	*coñac*	*vez*	—

Note: For the 'th' sound you must use *c* where possible (*ce, ci*) and that is why you write *empecé* and not *empezé*.

Sound	'g'	'kh' like the 'h' in 'hay'	'gw'
before *a*	*gama*	*jarro*	*guapa*
before *e*	*guerra*	*gesto/paisaje*	*vergüenza*
before *i*	*guitarra*	*gitano/jinete*	*argüir*
before *o*	*golpe*	*jota*	*antiguo*
before *u*	*gusto*	*justo*	—

Unfortunately you will find both *g* and *j* in the *ge/je* and *je/ji* combination. Remember that words ending in *-aje* use a *j*, for example: *garaje*. Because *u* is used as a buffer between *g* and *e/i*, for the 'gw' sound plus *e/i* you have to resort to the 'diaeresis' (¨) to separate the *u* sound: *vergüenza*.

Silent *h*

There is really no way of telling from its sound whether a word beginning with a vowel sound needs an *h* at the beginning—you just have to learn it: *hola* (hello), *ola* (wave). Some words have a silent *h* in the middle: *prohibido, prohíbe*.

Watch out for *oler* (to smell), which is a radical-changing verb:

huelo, hueles, huele, olemos, oléis, huelen

You'll find it under *o*, not *h*, in the dictionary!

A few further points to watch:

    i) *b* and *v* sound the same; both are pronounced more strongly at the beginning of a word—a point worth remembering if you are trying to identify a spoken word.

ii) *ch* and *ll* used to be considered separate letters in the Spanish alphabet, but this rule changed on April 29, 1994, when the X Congress of Spanish-Language Associations agreed to this change. The *ñ,* however, continues to be a separate letter; it follows the *n* in the dictionary.

iii) *k* only occurs in foreign words and combinations of *kilo* (*kilómetro,* etc.), and *w* is rare, as even the old-fashioned word for 'restroom' is now spelled *váter* (though you might see *WC*).

iv) You won't find *ph* for the *f* sound—it's always *f*: *filosofía.*

v) Many students confuse *ciudad* and *¡cuidado!* So all we can advise is: *¡CUIDADO!*

- Question and exclamation marks:

Don't forget to put the inverted question or exclamation mark at the beginning of a question or exclamation. The reason for this is that, as the subject is often contained in the verb ending in Spanish, the verb cannot be turned around to warn the reader that the sentence is a question. In speech, of course, the tone of voice indicates a question.

Verb Table

regular verbs

Infinitive	Present indicative	Present subjunctive	Imperative	Future	Conditional
-ar verbs	paso	pase		pasaré	pasaría
pasar	pasas	pases	pasa (tú)	pasarás	pasarías
to pass, spend	pasa	pase	pase (Ud.)	pasará	pasaría
(time), happen	pasamos	pasemos		pasaremos	pasaríamos
	pasáis	paséis	pasad (vosotros)	pasaréis	pasaríais
	pasan	pasen	pasen (Uds.)	pasarán	pasarían
-er verbs	bebo	beba		beberé	bebería
beber	bebes	bebas	bebe (tú)	beberás	beberías
to drink	bebe	beba	beba (Ud.)	beberá	bebería
	beb**emos***	bebamos		beberemos	beberíamos
	beb**éis***	bebáis	beb**ed*** (vosotros)	beberéis	beberíais
	beben	beban	beban (Uds.)	beberán	beberían
-ir verbs	subo	suba		subiré	subiría
subir	subes	subas	sube (tú)	subirás	subirías
to go up, come up	sube	suba	suba (Ud.)	subirá	subiría
	sub**imos***	subamos		subiremos	subiríamos
	sub**ís***	subáis	sub**id*** (vosotros)	subiréis	subiríais
	suben	suban	suban (Uds.)	subirán	subirían

*These are the only three places where regular **-er** and **-ir** verbs have different endings.

the main irregular verbs

caber	**quepo**	**quepa**		cabré	cabría
to fit, be contained	cabes	**quepas**	cabe	*etc.*	*etc.*
	cabe	**quepa**	**quepa**		
	cabemos	**quepamos**			
	cabéis	**quepáis**	cabed		
	caben	**quepan**	**quepan**		

Imperfect indicative	Preterite	Imperfect subjunctive		Gerund Past participle
pasaba	pasé	pasara	pasase	pasando
pasabas	pasaste	pasaras	pasases	
pasaba	pasó	pasara	pasase	
pasábamos	pasamos	pasáramos	pasásemos	pasado
pasabais	pasasteis	pasarais	pasaseis	
pasaban	pasaron	pasaran	pasasen	
bebía	bebí	bebiera	bebiese	bebiendo
bebías	bebiste	bebieras	bebieses	
bebía	bebió	bebiera	bebiese	
bebíamos	bebimos	bebiéramos	bebiésemos	bebido
bebíais	bebisteis	bebierais	bebieses	
bebían	bebieron	bebieran	bebiesen	
subía	subí	subiera	subiese	subiendo
subías	subiste	subieras	subieses	
subía	subió	subiera	subiese	
subíamos	subimos	subiéramos	subiésemos	subido
subíais	subisteis	subierais	subieseis	
subían	subieron	subieran	subiesen	
cabía	cupe	cupiera	cupiese	cabiendo
cabías	cupiste	cupieras	cupieses	
cabía	cupo	cupiera	cupiese	
cabíamos	cupimos	cupiéramos	cupiésemos	cabido
cabíais	cupisteis	cupierais	cupieseis	
cabían	cupieron	cupieran	cupiesen	

verb table

caer *to fall*	**caigo** caes cae caemos caéis caen	**caiga** **caigas** **caiga** **caigamos** **caigáis** **caigan**	 cae **caiga** caed **caigan**	caeré *etc.*	caería *etc.*
conducir *to drive, lead* and all verbs ending in **-ducir**	**conduzco** conduces conduce conducimos conducís conducen	**conduzca** **conduzcas** **conduzca** **conduzcamos** **conduzcáis** **conduzcan**	 conduce **conduzca** conducid **conduzcan**	conduciré *etc.*	conduciría *etc.*
dar *to give*	**doy** das da damos dais dan	**dé** des **dé** demos deis den	 da **dé** dad den	daré *etc.*	daría *etc.*
decir *to say, tell*	**digo** **dices** **dice** decimos decís **dicen**	**diga** **digas** **diga** **digamos** **digáis** **digan**	 di **diga** decid **digan**	diré *etc.*	diría *etc.*
estar *to be*	**estoy** **estás** **está** estamos **estáis** **están**	**esté** **estés** **esté** estemos estéis **estén**	 **está** **esté** estad **estén**	estaré *etc.*	estaría *etc.*
haber *to have* (as auxiliary verb only) **hay** = there is/are	**he** **has** **ha (hay)** **hemos** habéis **han**	**haya** **hayas** **haya** **hayamos** **hayáis** **hayan**	 – – 	habré *etc.*	habría *etc.*
hacer *to do, make*	**hago** **haces** hace hacemos hacéis hacen	**haga** **hagas** **haga** **hagamos** **hagáis** **hagan**	 haz **haga** haced **hagan**	haré *etc.*	haría *etc.*

caía	caí	cayera	cayese	cayendo
caías	caíste	cayeras	cayeses	
caía	cayó	cayera	cayese	
caíamos	caímos	cayéramos	cayésemos	caído
caíais	caísteis	cayerais	cayeseis	
caían	cayeron	cayeran	cayesen	
conducía	conduje	condujera	condujese	conduciendo
conducías	condujiste	condujeras	condujeses	
conducía	condujo	condujera	condujese	
conducíamos	condujimos	condujéramos	condujésemos	conducido
conducíais	condujisteis	condujerais	condujeseis	
conducían	condujeron	condujeran	condujesen	
daba	di	diera	diese	dando
dabas	diste	dieras	dieses	
daba	dio	diera	diese	
dábamos	dimos	diéramos	diésemos	dado
dabais	disteis	dierais	dieseis	
daban	dieron	dieran	diesen	
decía	dije	dijera	dijese	diciendo
decías	dijiste	dijeras	dijeses	
decía	dijo	dijera	dijese	
decíamos	dijimos	dijéramos	dijésemos	dicho
decíais	dijisteis	dijerais	dijeseis	
decían	dijeron	dijeran	dijesen	
estaba	estuve	estuviera	estuviese	estando
estabas	estuviste	estuvieras	estuvieses	
estaba	estuvo	estuviera	estuviese	
estábamos	estuvimos	estuviéramos	estuviésemos	estado
estabais	estuvisteis	estuvierais	estuvieseis	
estaban	estuvieron	estuvieran	estuviesen	
había	hube	hubiera	hubiese	habiendo
habías	hubiste	hubieras	hubieses	
había	hubo	hubiera	hubiese	
habíamos	hubimos	hubiéramos	hubiésemos	habido
habíais	hubisteis	hubierais	hubieseis	
habían	hubieron	hubieran	hubiesen	
hacía	hice	hiciera	hiciese	haciendo
hacías	hiciste	hicieras	hicieses	
hacía	hizo	hiciera	hiciese	
hacíamos	hicimos	hicierais	hiciésemos	hecho
hacíais	hicisteis	hiciéramos	hicieseis	
hacían	hicieron	hicieran	hiciesen	

ir	voy	vaya		iré	iría
to go	vas	vayas	ve	*etc.*	*etc.*
	va	vaya	vaya		
	vamos	vayamos			
	vais	vayáis	id		
	van	vayan	vayan		
oír	oigo	oiga		oiré	oiría
to hear	oyes	oigas	oye	*etc.*	*etc.*
	oye	oiga	oiga		
	oímos	oigamos			
	oís	oigáis	oíd		
	oyen	oigan	oigan		
poder	puedo	pueda		podré	podría
to be able, can	puedes	puedas	–	*etc.*	*etc.*
	puede	pueda			
	podemos	podamos			
	podéis	podáis	–		
	pueden	puedan			
poner	pongo	ponga		pondré	pondría
to put	pones	pongas	pon	*etc.*	*etc.*
	pone	ponga	ponga		
	ponemos	pongamos			
	ponéis	pongáis	poned		
	ponen	pongan	pongan		
querer	quiero	quiera		querré	querría
to want, love	quieres	quieras	quiere	*etc.*	*etc.*
	quiere	quiera	quiera		
	queremos	queramos			
	queréis	queráis	quered		
	quieren	quieran	quieran		
saber	sé	sepa		sabré	sabría
to know	sabes	sepas	sabe	*etc.*	*etc.*
	sabe	sepa	sepa		
	sabemos	sepamos			
	sabéis	sepáis	sabed		
	saben	sepan	sepan		
salir	salgo	salga		saldré	saldría
to go out,	sales	salgas	sal	*etc.*	*etc.*
come out	sale	salga	salga		
	salimos	salgamos			
	salís	salgáis	salid		
	salen	salgan	salgan		

iba	fui	fuera	fuese	yendo
ibas	fuiste	fueras	fueses	
iba	fue	fuera	fuese	
íbamos	fuimos	fuéramos	fuésemos	ido
ibais	fuisteis	fuerais	fueseis	
iban	fueron	fueran	fuesen	
oía	oí	oyera	oyese	oyendo
oías	oíste	oyeras	oyeses	
oía	oyó	oyera	oyese	
oíamos	oímos	oyéramos	oyésemos	oído
oíais	oísteis	oyerais	oyeseis	
oían	oyeron	oyeran	oyesen	
podía	pude	pudiera	pudiese	pudiendo
podías	pudiste	pudieras	pudieses	
podía	pudo	pudiera	pudiese	
podíamos	pudimos	pudiéramos	pudiésemos	podido
podíais	pudisteis	pudierais	pudieseis	
podían	pudieron	pudieran	pudiesen	
ponía	puse	pusiera	pusiese	poniendo
ponías	pusiste	pusieras	pusieses	
ponía	puso	pusiera	pusiese	
poníamos	pusimos	pusiéramos	pusiésemos	puesto
poníais	pusisteis	pusierais	pusieseis	
ponían	pusieron	pusieran	pusiesen	
quería	quise	quisiera	quisiese	queriendo
querías	quisiste	quisieras	quisieses	
quería	quiso	quisiera	quisiese	
queríamos	quisimos	quisiéramos	quisiésemos	querido
queríais	quisisteis	quisierais	quisieseis	
querían	quisieron	quisieran	quisiesen	
sabía	supe	supiera	supiese	sabiendo
sabías	supiste	supieras	supieses	
sabía	supo	supiera	supiese	
sabíamos	supimos	supiéramos	supiésemos	sabido
sabíais	supisteis	supierais	supieseis	
sabían	supieron	supieran	supiesen	
salía	salí	saliera	saliese	saliendo
salías	saliste	salieras	salieses	
salía	salió	saliera	saliese	
salíamos	salimos	saliéramos	saliésemos	salido
salíais	salisteis	salierais	salieseis	
salían	salieron	salieran	saliesen	

ser	soy	sea		seré	sería
to be	eres	seas	sé	*etc.*	*etc.*
	es	sea	sea		
	somos	seamos			
	sois	seáis	sed		
	son	sean	sean		
tener	tengo	tenga		tendré	tendría
to have	tienes	tengas	ten	*etc.*	*etc.*
	tiene	tenga	tenga		
	tenemos	tengamos			
	tenéis	tengáis	tened		
	tienen	tengan	tengan		
traer	traigo	traiga		traeré	traería
to bring	traes	traigas	trae	*etc.*	*etc.*
	trae	traiga	traiga		
	traemos	traigamos			
	traéis	traigáis	traed		
	traen	traigan	traigan		
venir	vengo	venga		vendré	vendría
to come	vienes	vengas	ven	*etc.*	*etc.*
	viene	venga	venga		
	venimos	vengamos			
	venís	vengáis	venid		
	vienen	vengan	vengan		

Note also:

- **andar** has a *'Pretérito grave'* (**anduve**, etc.) and therefore the imperfect subjunctive is **anduviera/anduviese**, etc.
- **ver** has **veo, ves,** etc. in present indicative, **vea,** etc. in present subjunctive and **veía,** etc. in imperfect indicative.
- **abrir, cubrir, descubrir, freír, romper, volver,** and verbs ending in **-solver** have irregular past participles—see Chapter 21.
- For the tenses of radical-changing verbs, see Chapter 13, and for 'spelling change' verbs see notes on the tense you need in the relevant chapter.

era	fui	fuera	fuese	siendo
eras	fuiste	fueras	fueses	
era	fue	fuera	fuese	
éramos	fuimos	fuéramos	fuésemos	sido
erais	fuisteis	fuerais	fueseis	
eran	fueron	fueran	fuesen	
tenía	tuve	tuviera	tuviese	teniendo
tenías	tuviste	tuvieras	tuvieses	
tenía	tuvo	tuviera	tuviese	
teníamos	tuvimos	tuviéramos	tuviésemos	tenido
teníais	tuvisteis	tuvierais	tuvieseis	
tenían	tuvieron	tuvieran	tuviesen	
traía	traje	trajera	trajese	trayendo
traías	trajiste	trajeras	trajeses	
traía	trajo	trajera	trajese	
traíamos	trajimos	trajéramos	trajésemos	traído
traíais	trajisteis	trajerais	trajeseis	
traían	trajeron	trajeran	trajesen	
venía	vine	viniera	viniese	viniendo
venías	viniste	vinieras	vinieses	
venía	vino	viniera	viniese	
veníamos	vinimos	viniéramos	viniésemos	venido
veníais	vinisteis	vinierais	vinieseis	
venían	vinieron	vinieran	viniesen	

NTC SPANISH LANGUAGE, CULTURE, AND LITERATURE TEXTS AND MATERIALS

Language and Culture
Spain after Franco: Language in Context
Spanish à la Cartoon

Civilization and Culture
Perspectivas culturales de España
Perspectivas culturales de Hispanoamérica
Una mirada a España
Dos aventureros: De Soto y Coronado

Contemporary Culture—in English
Spain: Its People and Culture
Life in a Spanish Town
Life in a Mexican Town
Welcome to Spain
The Hispanic Way

Literature and Drama
Cuentos puertorriqueños
Literatura moderna hispánica
Teatro hispánico
Teatro moderno hispánico

Text and Audiocassette Learning Packages
Just Listen 'n Learn Spanish
Just Listen 'n Learn Spanish Plus
Practice & Improve Your Spanish
Practice & Improve Your Spanish Plus

Transparencies
Everyday Situations in Spanish

Handbooks and Reference Books
Gramática española: Advanced
  Structures & Language Practice
Tratado de ortografía razonada
Redacte mejor comercialmente
Guide to Correspondence in Spanish
Guide to Spanish Idioms
Complete Handbook of Spanish Verbs
Nice 'n Easy Spanish Grammar
Spanish Verbs and Essentials of Grammar

Dictionaries
Vox New College Spanish and English
  Dictionary
Vox Modern Spanish and English
  Dictionary
Vox Compact Spanish and English
  Dictionary
Vox Everyday Spanish and English
  Dictionary
Vox Traveler's Spanish and English
  Dictionary
Vox Super-Mini Spanish and English
  Dictionary
Diccionario escolar de la lengua
  española (Spanish-Spanish)
Diccionario Básico Norteamericano
Cervantes-Walls Spanish and
  English Dictionary

Plus a large selection of Imported
  Paperback Classics

For further information or a current catalog, write:
National Textbook Company
a division of *NTC Publishing Group*
4255 West Touhy Avenue
Lincolnwood, Illinois 60646-1975 U.S.A.